女性への暴力

妻や恋人への暴力は犯罪

いのうえせつこ

新評論

目　次／女性への暴力——妻や恋人への暴力は犯罪——

第一章　女性への暴力とは何か

「女性への暴力」と北京会議

一九九八年九月、私はシンガポールで開かれた「家庭暴力世界会議」（World Conference on Family Violence）に参加した。

「家庭暴力」とは、世界的に「子ども・女性・高齢者への暴力」と位置付けられているが、約四〇カ国（参加者・約三〇〇人）が集まったシンガポール会議では、主に子ども虐待と女性への暴力が中心課題だった。

なぜなら、家庭暴力世界会議は一九九五年に中国の北京で開かれた第四回国連世界女性会議（通称、北京会議）で大きな課題となった「女性への暴力」を受けて開催されたものだったからである。また、この会議の中心となったのが、北京会議以後、世界中で「Ｎｏ！暴力キャンペーン」を展開してきた世界ＹＷＣＡ（キリスト教女子青年会）と、ドメスティック・バイオレンス（ＤＶ）と呼ばれる夫や恋人などからの暴力を根絶する運動にかかわっているアメリカのNGO（非政府組織）の多くの団体だったからである。

とくに「虐待の連鎖」（Violence Cycle）と呼ばれる、父親が母親に暴力をふるう家庭で育った子どもや、親からの虐待の被害者になった子どもたちが心身ともに深い傷を受けてその傷が癒されないと、成人後にパートナーへの暴力や、子どもへの虐待の加害者になる割合が高くなる現象をどのようにして断ち切るかの話し合いが白熱化した。

しかし、私が帰国後に取り組んだのは最初に「高齢者虐待」で、二番目が「子ども虐待」だった。それぞれ新評論から『高齢者虐待』（一九九九年九月発行）、『子ども虐待』（二〇〇〇年一〇月発行）と題して出版した。そして、残るは「女性への暴力」である。

「女性への暴力」と一口で言っても、その内容についてはさまざまである。夫や恋人などからの女性への暴力であるドメスティック・バイオレンスだけではなく、「ストーカー」「子ども買春」や「性的搾取」「持参金殺人」「女児の性器切除」等々が含まれる。

北京会議でなぜ「女性への暴力」が大きな課題となったのかと言えば、それは一九九三年に国連総会で「女性に対する暴力の撤廃に関する宣言」が採択されたからである。その宣言の第一条には次のように書かれている。

「女性に対する暴力とは、性別に基づく暴力行為であって、女性に対して身体的、性的、もしくは心理的な危害をまたは苦痛となる行為、あるいはそうなるおそれのある行為であり、さらに、そのような行為の威嚇、強制もしくはいわれのない自由の剥奪をも含み、それらが公的な生活で起こるか私的な生活で起こるかを問わない」

そして、北京会議で採択された「行動綱領」の中にも、女性への暴力について次のように取り上げられている。

「女性への暴力は、歴史的に不平等な男女の力関係を表すものであり、男性の女性支配と差別および女性の完全な能力の開発の妨害をもたらした。女性が生涯を通して受ける女性への暴力は、本質的に文化規範、とくにある種の伝統的慣習のもたらす有害な影響や家庭内、職場、地域や社会で、女性の低い地位を固定化する人種、性、言語、宗教に関する過激主義によるすべての行為から派生する」

（「北京世界女性会議に提言する会」訳）

私もこの北京会議に神奈川県からかながわ女性会議の一メンバーとして参加した。そして「女性への暴力」と題するワークショップを開催した。このワークショップ開催のための資料として「男性に聞く――女性への暴力」と題するアンケート調査にも取り組んだ。

この男性対象のアンケート調査結果は、当時（一九九五年）としてはめずらしかったのか、新聞やラジオなどでも取り上げられた。

五年以上たった現在からみると内容について未熟な点も多いが、アンケートの作成や集計、まとめに中心的にかかわった者の一人として、反省もこめて一部分を紹介したい。（調査期間一九九五年五、六月。配布数七〇〇枚。回収数六〇七枚（回収率八六・七％）。有効回答数、五九六枚（有効回答率九八％）。

対象者は、神奈川県内の一〇代〜七〇代以上の男性。職業別では、高校生から会社員、公務員、自営業など。婚姻状態は、既婚が七四・三％。

「家庭内暴力」について

　暴力をふるったことがある　　四五・〇％

　暴力をふるったことがない　　五三・八％

このうち「家庭内暴力をふるったことがある」人のうち「家庭内暴力を受けたことあり」の人は五三・八％で、「家庭内暴力を受けたことなし」の人は二七・九％という相関関係があった。

また、家庭内暴力をふるった対象者は「子ども」五七・七％と一番多く、「妻」が三六％、「その他」が二二・八％だった。

暴力の内容については、「平手げんこつで打つ」が七七・六％と一番多く、「蹴る」が一九・五％、「罵ったり、馬鹿にする」一八・四％、「物を投げつける」一六・五％、「胸ぐらをつかむ」一二・九％だった。

当時、「子ども虐待」や「高齢者虐待」そしてドメスティック・バイオレンスの知識があれば、もう少し的をしぼった調査が可能だったのにと悔やまれる。

また、神奈川県内にも男性からの暴力から一時避難するシェルター（緊急一時保護施設）が五カ所できていたが、このシェルターについては「知っている」と答えた人が約四〇％いた。

その他、「あなたは女性を買ったことがありますか」という買春経験についての問いには「ある」が三二・九％、「ない」が六四・六％だった。この数字については日本人男性としては一般的な数字？　なのかと議論を呼んだが、「買春した国の名前を」という問いには国内はもとより、国外は地球を一周する世界各国各地の名前が記されていたのには、びっくりした。

自由回答の中で、次のような文章があった。

「〝女性に手が出る理由〟として、男（父親）は妻や子どもに暴力をふるうことはやるべきでないと誰でも考えている。何故〝手〟を出してしまうのかは個人の性格（人間性）にもあると思うが、男性は共同体のなかで自分の役割を勉強させられる。女性はこの共同体意識が弱く、〝共に考える〟ことをしない。その意識の低さに手が出てしまう。説明しても理解できない」

「暴力は人間関係である」と書かれたものもあり、女性への暴力が男女間における力関係の歴史であることが裏付けられた。

北京会議でもＮＧＯのワークショップは多岐にわたったが、女性への暴力は家庭内だけではなく〝従軍慰安婦〟問題など戦争と女性への暴力まで幅が広かった。私たちの四時間にわたる日、英、中国語によるワークショップは、やはりシェルター問題に参加者の議論が集中した。

しかし、この北京会議以後、女性への暴力は世界的な社会問題として取り上げられるようになり、戦時下や地域紛争地における女性の性に対する虐待から家庭内における女性への暴力にいたるまで、スポットライトが当り始めたといってよい。

歴史的に見て、私たちの文明は、女性を男性より劣るものとして扱い、女性を抑圧してきた。政治的にも、広くは社会経済的にも同様なことが言える。

また、社会的にも一貫して続いてきた家父長制度は、女性への暴力を擁護し、現在にいたっても暴力は温存されている。

男性優位社会は、男性が暴力をふるうことを支える文化を基本にしてきた歴史がある。だから、結婚という家庭内における男と女の関係も、「力と支配」の枠内の中で、男性のために機能するシステムをつくり出してきた。男性（夫）が親密な関係にある女性（妻）を暴力の果てに殺すということも〝究極的な支配〟なのだということが言える。

女性への暴力は、その内容においてあまりにも多岐にわたるが、ここでは、〝親密な関係〟にある男性（夫、恋人など）から女性への暴力を中心にとり上げていきたいと思う。

夫・恋人からの暴力（ドメスティック・バイオレンス）とは

皆さんは「ドメスティック・バイオレンス」という言葉をご存知だろうか。新聞紙上などで頭文字をとって「ＤＶ」と書かれる言葉である。ドメスティック・バイオレンスとは、家庭内における弱者（子ども・高齢者・女性・障害者）への暴力を指す言葉だが、子どもや高齢者への暴力を「子ども虐待」（Child Abuse）「高齢者虐待」（Elder Abuse）と呼ぶようになって、夫や恋人などの〝親密〟な関係にある男性が女性にふるう暴力を指すようになった。〝親密〟な関係とは、夫・恋人だけでなく前夫・元恋人・内夫・婚約者などを指し、その暴力も殴る、蹴るなどの「身体的暴力」だけではない。

ドメスティック・バイオレンスの暴力には多様な形態がある。そして、その分類についてもさまざまである。ここでは、アメリカのミネソタ州ドゥルーヌ市のドメスティック・バイオレンス介入プロジェクトがつくった図「パワーとコントロールの車輪」に「ドメスティック・バイオレンスをなくすため」（神奈川県立かながわ女性センター）などの資料を加筆した図１「夫（恋人）による暴力」を見ていただきたい。

髪を引っぱる、首を締める、平手で打つなどの「身体的暴力」は見えやすいが、その他の暴力は〝親密な関係〟だけに見えにくい。図１の内側の暴力をもう少し具体的に説明すると――

図１　「夫（恋人）による暴力」

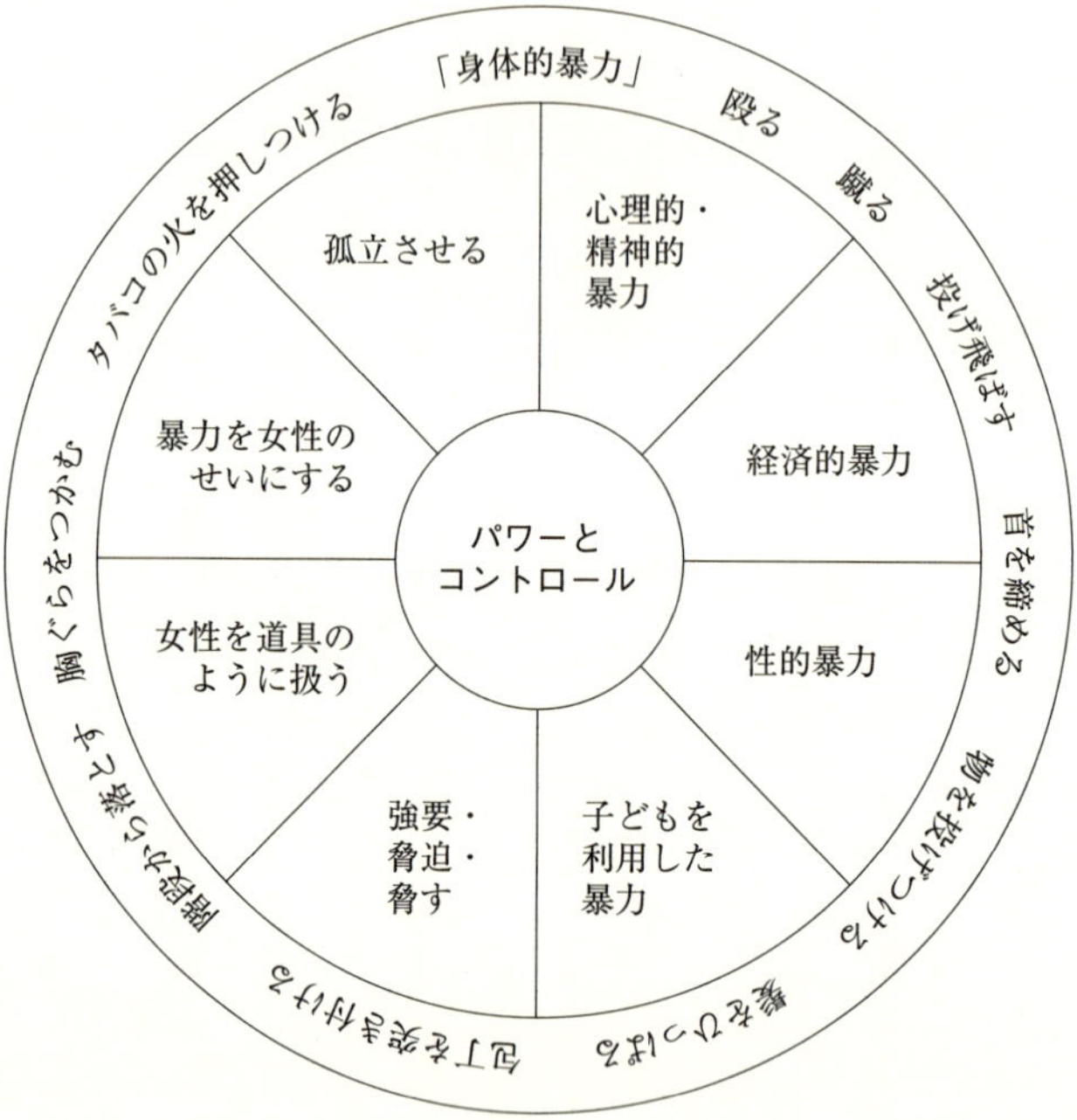
「身体的暴力」
殴る
蹴る
投げ飛ばす
首を締める
物を投げつける
髪をひっぱる
包丁を突きつける
階段から落とす
胸ぐらをつかむ
タバコの火を押しつける
パワーと
コントロール
心理的・
精神的
暴力
経済的暴力
性的暴力
子どもを
利用した
暴力
強要・
脅迫・
脅す
女性を道具の
ように扱う
暴力を女性の
せいにする
孤立させる

『心理的・精神的暴力』　言葉などで女性をおとしめ、はずかしめる。悪口を言う。女性が大切にしている物を壊す。等。

『経済的暴力』　仕事を辞めさせたり、仕事をさせない。家計の管理を独占する。お金を渡さない（経済封鎖）。等
『性的暴力』　いやがるのに、ポルノビデオやポルノ雑誌を見せる。望まない性的行為を強要する。性器や乳房を傷つける。女性を性的対象者としてのみ扱う。避妊に協力しない。等。

『子どもを利用した暴力』　子どもの面前で女性を非難、罵倒する。離婚するなら子どもを置いて行けと言う。子どもに悪いと女性に思わせる。等。

『強要・脅迫・脅す』　危害を加えると脅す。別れるなら「自殺してやる」と脅す。目つきや態度でおびえさせる。ペットを虐待する。家具などを破壊する。凶器をちらつかせる。等。

『女性を道具のように扱う』　「誰のおかげで生活できると思っているのか」、「この家のご主人は俺だ！」「女は黙っていろ」、「女のくせに――」、「女は○○にしていればよい」などと言う。等。

『暴力を女性のせいにする』　「暴力をふるわせるのは、おまえが悪いからだ」などと言って、暴力を女性のせいにする。暴力はなかったと言い張る。等。

『孤立させる』　実家や友人たちとのつきあいを制限する。絶えず電話をかけてきて生活をコントロールする。等。

これらの暴力は「身体的暴力」と重複して起き、それらが互いにその効果を強化するために被害は深刻化する。そのため、被害者の女性は、恐怖心から逃げ出すことができない心理状態におちいる。ドメスティック・バイオレンスとは、一口に言って、暴力を使って女性を「奴隷化」する支配のパターンといえる。

なぜ、いままでドメスティック・バイオレンスは社会問題にならなかったのだろう。

第一は、夫からの暴力は「夫婦ゲンカは犬も食わない」という古くからの日本の諺があるように〝個人的問題〟として片付けられていた。このことは日本だけではない。世界的にも同じである。

第二は、家庭は「愛情に満ちた神聖な場所」で、そこでの暴力は〝愛情表現〟の一つとしてとらえられていた。そして、暴力を受ける側にも落ち度があるとされ、それが公になることは、〝家庭の恥〟とされてきたことにある。

第三は、家庭外での暴力であれば、傷害罪や暴行罪になるものが、「法は家庭に入らず」という日本のいままでの法律の考えが、家庭内の暴力を放置してきたといえる。だから、「警察に駆け込んだが、夫婦だからと何もしてくれなかった」という多くの被害者の声になる。ドメスティック・バイオレンスへの対応は、警察だけではなく、家庭裁判所や公的相談機関でも、加害者の夫が社会的地位もあり、外形上も穏やかであれば、被害者である妻への理解を得るのは容易ではない。

ドメスティック・バイオレンスが社会的に認知され始めた歴史は、まだ世界的にも三〇年余りである。それまで、家庭内における夫から妻への暴力の名称さえなかったのである。

一九六〇年代後半から始まったアメリカのフェミニズム運動（女性解放運動）で、〝女性への暴力〟が取り上げられ「殴られた女性たち」（バタード・ウーマン）のためのシェルター（緊急一時保護施設）づくりから女性への暴力の深刻さが表面化し、「ドメスティック・バイオレンス」と名付けられたのである。

それまで、ドメスティック・バイオレンスは家庭病理の一つとして処理され、女性の人権侵害であるという視点が希薄だったということが言える。

また、暴力を受ける女性の側にも責任があるという考えもまだまだ一般的に広まっているが、女性が言動に気をつければ暴力が止むのはドメスティック・バイオレンスとは言わない（もちろん、いかなる場合でも女性への暴力は許されることではない）。警察や仲介などの第三者の直接的介入がなければ、暴力が終わらないのがドメスティック・バイオレンスである。

ドメスティック・バイオレンスは、加害者である男性は家の外では配慮ある穏やかな人物として通っていることが多く、大部分は暴力が向かう対象が「親密な関係」に限られている。そして、「バイオレンス・サイクル」と呼ばれる暴力の周期（サイクル）を持つことが多いといわれている。

図2の「ドメスティック・バイオレンス・サイクル」は、アメリカの心理学者レノア・E・ウオーカー[1]が発見した暴力のサイクルである。

図２　「ドメスティック・バイオレンス・サイクル」

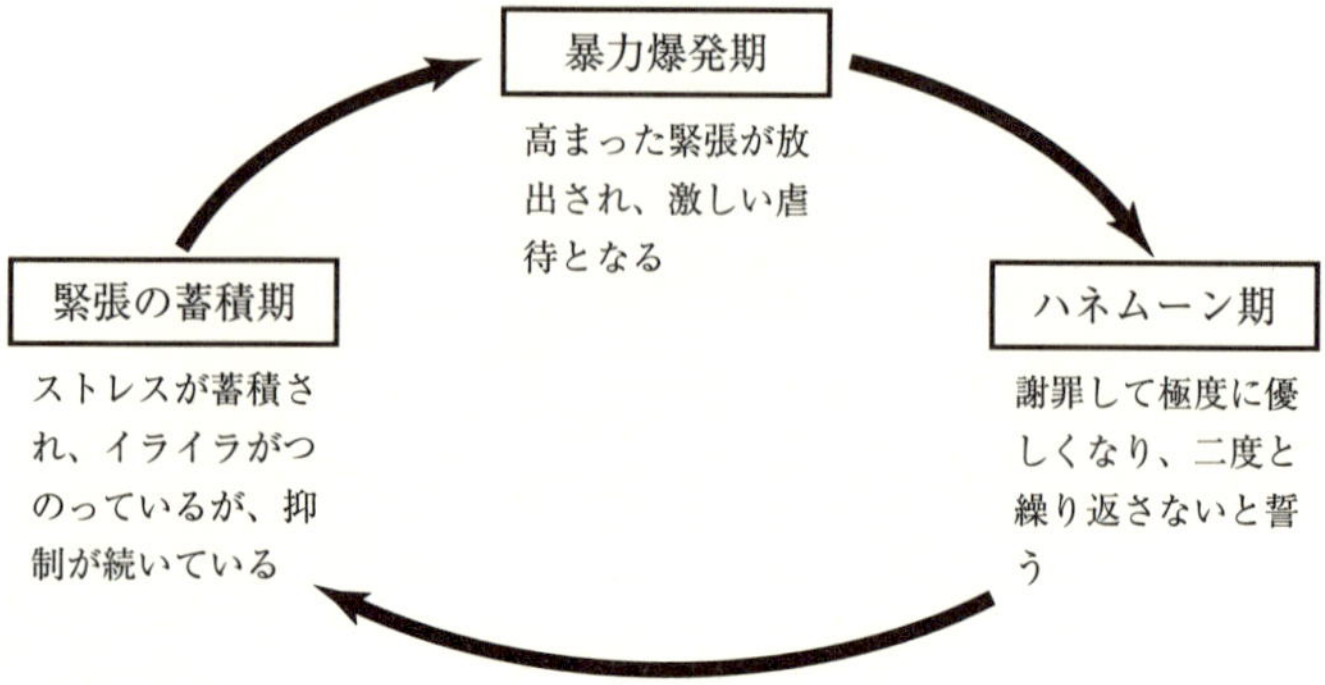

どういうことかと言えば、ドメスティック・バイオレンスには周期があり、三つの段階が繰り返されるというものである。

「緊張の蓄積期」　パートナー（男性）のストレスが蓄積され、ささいなことでイライラはつのっているが、暴力は抑制されている段階。

「暴力爆発期」　ささいなこと（例えば、食器の置き方が気にいらなかったり、今日は魚を食べたかったのに肉が出てきたとか）で抑制がはずれ、一気に暴力が爆発する。

「ハネムーン期」　暴力後の男性は、極度に優しくなり、謝罪して「もう二度としない」と誓い、贈り物などをする。

この「緊張の蓄積期」と「暴力爆発期」と「ハネムーン期」のサイクルは、どんなに被害者の女性が努力を重ねようが、暴力が繰り返されるのがドメスティック・バイオレンスである。

被害者の女性は、殴られ、暴言で辱められた後、改心して（したかのように）優しくなった「ハネムーン期」の夫（恋人）を今度こそ信じたいと思い、自分も落ち度のない態度をとらなければと日常生活に向かうが、いつの間にか暴力をふるわれる。このような暴力の周期を持つのが多くのドメスティック・バイオレンスの特徴である。

ドメスティック・バイオレンスの暴力は、まさに「理由なき暴力」であって、そのきっかけは、子どもが泣きやまない、仕事上のストレスなど何でもよいのである。被害者である妻（恋人）は、何が暴力のきっかけになるかもわからないため、いつも脅えながら生活を送ることになり、慢性的な無気力感に陥っていく。そして、将来への不安や絶望、孤独感、男性に対する恐怖心、不信感等々で、心が深く傷つき、トラウマ[2]やPTSD（心的外傷後ストレス障害[3]）を引き起こすことも多い。

また、ドメスティック・バイオレンスがある家庭の中では子どもたちへの影響もはかり知れないほど大きい。夜泣き、夜尿、悪夢にうなされるなどの精神的不安定、そして成長後の影響にいたるまで、「女性への暴力」と「子ども虐待」とは太い糸でつながれている。

暴力をふるう夫（恋人）から妻は離婚してなぜ去らないのかと問う人がいるが、暴力をふるう夫（恋人）のもとを去ることは、極度の恐怖と経済的な不安を乗り超えての勇気ある行動なのである。なぜなら、『夫が妻に暴力をふるうとき——ドメスティック・バイオレンスの真実』（ニール・ジェイコブソン、ジョン・ゴットマン共著）によっても、第一に別離の二年以内に、女性が重傷を負ったり殺される率が急増すること、第二に子どもがいる場合、女性の経済的自立が難しいこと、第三に心身の虐待をずっと受けてきていると、女性は自尊心をそぎ落とされ、なくしていってしまうことなどを挙げている。

ドメスティック・バイオレンスは、被害者の女性に問題があるからではなく、男性に問題がある場合に起こる暴力であると定義付けられる。

約二十人に一人が〝命の危険〟を

「一三四人」――この数字は何の数字だと思われるだろうか。

これは、日本国内で二〇〇〇年一年間に、妻（内縁関係にある者を含む）を殺したとして検挙された夫の数である。

ウソでしょう？　という声も聞こえてくるようだが、これは私が警察庁長官官房総務課広報室に問い合わせて教えてもらった数字である（表1）。

「殺人」事件検挙数	一三四件
「傷害」事件検挙数	八三八件
「暴行」事件検挙数	一二四件
（合計）	一、〇九六件

この数字は、前年の一九九九年に比べると、五八〇件の増加で二倍を超えている。

表1　夫から妻への殺人、傷害並びに暴行事件の検挙状況の推移

〔件〕

	平成8年	平成9年	平成10年	平成11年	平成12年
殺　人	112	101	129	105	134
傷　害	309	340	273	375	838
暴　行	43	31	33	36	124
合　計	464	472	435	516	1,096

（警察庁長官官房総務課広報室）

でも、驚くのはまだ早くて、実は警察庁『犯罪統計書』によると、一九七九年（昭和五四年）は「殺人」事件が一八一件で、「傷害」事件が四八九件なのである。

平成一二年度の『警察白書』によると、「昭和五四年以降、その検挙件数は減少傾向にあったが、近年増加傾向にある」と書かれている。これを読む限り、夫から妻への犯罪は昭和五四年以前は、もっと事件数が多かったということがいえる。しかも、二〇〇〇年だけでも「三日に一人以上」の割合で夫からの暴力で妻が殺されているにもかかわらず、新聞紙上などでは報道されない。

それは、なぜなのか。

第一には、日本の法律が「家庭に法は入らず」という考えが家庭内の暴力を放置してきたこと。警察も私的な「夫婦間のトラブル」として処置してきたこと。こう考えると、警察庁発表のこの検挙数は氷山の一角ともいえるだろう。

第二には、結婚すれば、「妻は夫のもの」とする妻を夫の所有物化する考えと、女性の人権を認めない長い歴史が〝夫婦げんか〟として社会が認

めてきたということも大きい。

第三には、まだまだマスコミの世界も男性優位社会で「殺される妻の側にも落ち度があったのだろう」と、将来ある夫（？）の側に立って事件を報道してこなかったということもいえる。

テレビの世界も「女性への暴力」については例外ではない。タレントの遥洋子さんが東京大学の上野千鶴子教授のゼミでの体験記とも言える『東大で上野千鶴子にケンカを学ぶ』（筑摩書房）の本の中で、女性タレントが恋人からうけた暴力の痕を消すための強力コンシーラーがメイク室に存在することをすっぱぬいている。

日本でも一九九五年（平成七年）の第四回国連女性会議（以下、北京会議）以後、本格的な「女性に対する暴力」についての調査が始まった。

最初の本格的調査は一九九七年（平成九年）に東京都生活文化局が行った「女性に対する暴力」調査である[4]。その報告書によると、夫やパートナーからの暴力を受けた割合を種類別で見ると「何度もあった」、「一、二度あった」とする人をあわせると、

「精神的暴力」　五五・九％
「身体的暴力」　三三・〇％
「性的暴力」　二〇・九％

このうち「何度もあった」とする人の割合は、各々約二〇〜三〇％となっている。

図３　「夫やパートナーからの暴力の経験の有無」

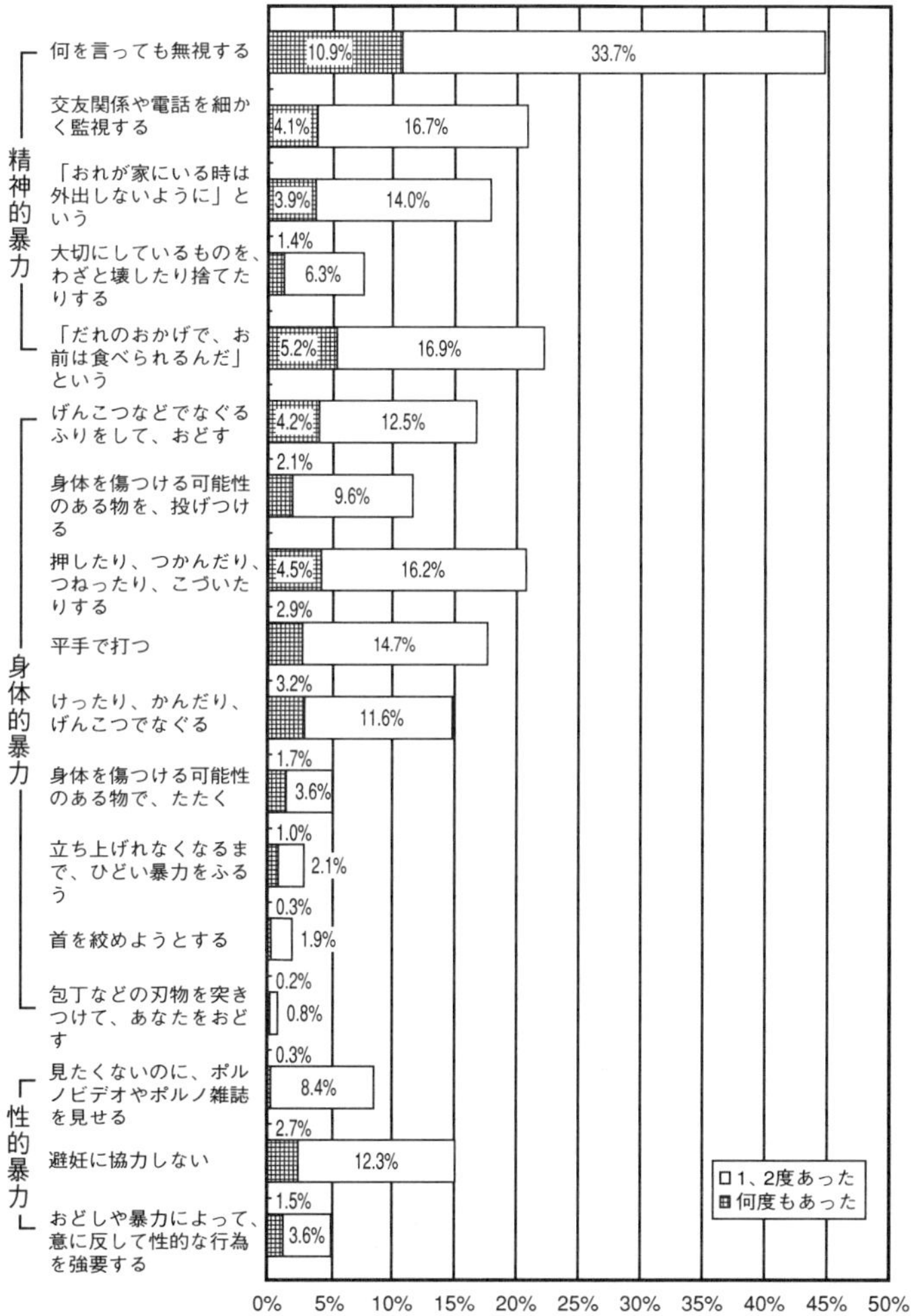

東京都「女性に対する暴力」調査
注：「まったくない」「無回答」については図では提示していない

この「精神的暴力」、「身体的暴力」、「性的暴力」の内訳は、図3のようである。そして、「精神的暴力」、「身体的暴力」、「性的暴力」の三種類すべてについて頻度にかかわらず暴力を受けたことが「あった」とする人は、暴力経験があった人全体の一七・二%となっている。

また、「精神的暴力」、「身体的暴力」、「性的暴力」のそれぞれに一つでも「何度もあった」と回答した人が、三種類すべてについて暴力を受けた経験のある人が八・〇%いた。つまり、一〇〇人のうち八人が「精神的暴力」、「身体的暴力」、「性的暴力」を常時受けているということがいえる。

殴る、蹴るなどの「身体的暴力」については、被害を受けている女性は、年齢、学歴、年収にかかわらず見うけられ、加害者である男性(夫・パートナー)も、年齢、学歴、年収にかかわらず見うけられる。暴力を受けた時の相談については、

「相談をした」　一五・六%
「相談したかったが、相談しなかった」　五・九%
「相談しようと思わなかった」　三八・九%
「無回答」　三九・六%

「相談した」人のうち公的機関(病院、区市町村の相談、警察、弁護士など)へ援助を求めた人は約七〇%だが、この中にはケガの治療に行っただけの人や離婚の相談に弁護士のところに行ったという人も含まれる。しかし「助かった、役に立った」が三〇%で、「役に立たなかった、腹が立った」と

否定的な評価をしている人が約四〇%もある。また、友人や親、きょうだいなどの私的な相手に相談した人は約八〇%いるが、「理解してもらえた、逃げ込ませてもらった」などの肯定評価は約四〇%で、約三〇%が「信じてもらえなかった」等の否定的評価をしている。

相談活動をしなかった人たちの多くは「援助を求めるという考えが浮かばなかった」「援助を求めてもむだだと思った」「私的なことだから恥だと思った」「自分でなんとかできると思った」などと答えている。

この「女性への暴力」についての支援への要望については、「夫による暴力は犯罪であるという考えを広めてほしい」、「一時的に子どもと一緒に逃げ込める安全な場所がほしい」などの社会的価値観の改善と避難場所の提供に関する要望も多くあげられている。

この東京都の「女性に対する暴力」調査は、被害を受けている妻に子どもがいる場合の「子ども虐待」についての調査も行われていて、約六〇%が子どもへの暴力があり、その暴力は殴る、蹴るなどの「身体的虐待」や極端な暴言などの「心理的虐待」があり、これらの暴力が子どもたちに「父への憎悪・恐れ」や「性格・情緒の歪み」をもたらしていると答え、なかには「子ども自身が他人に暴力をふるうようになった」という回答も寄せられている。

日本では最初の本格的な「女性に対する暴力」についての東京都の実態調査は、発表された一九九八年当時、大きな反響を呼んだ。

図4　夫から受けた暴力の経験状況

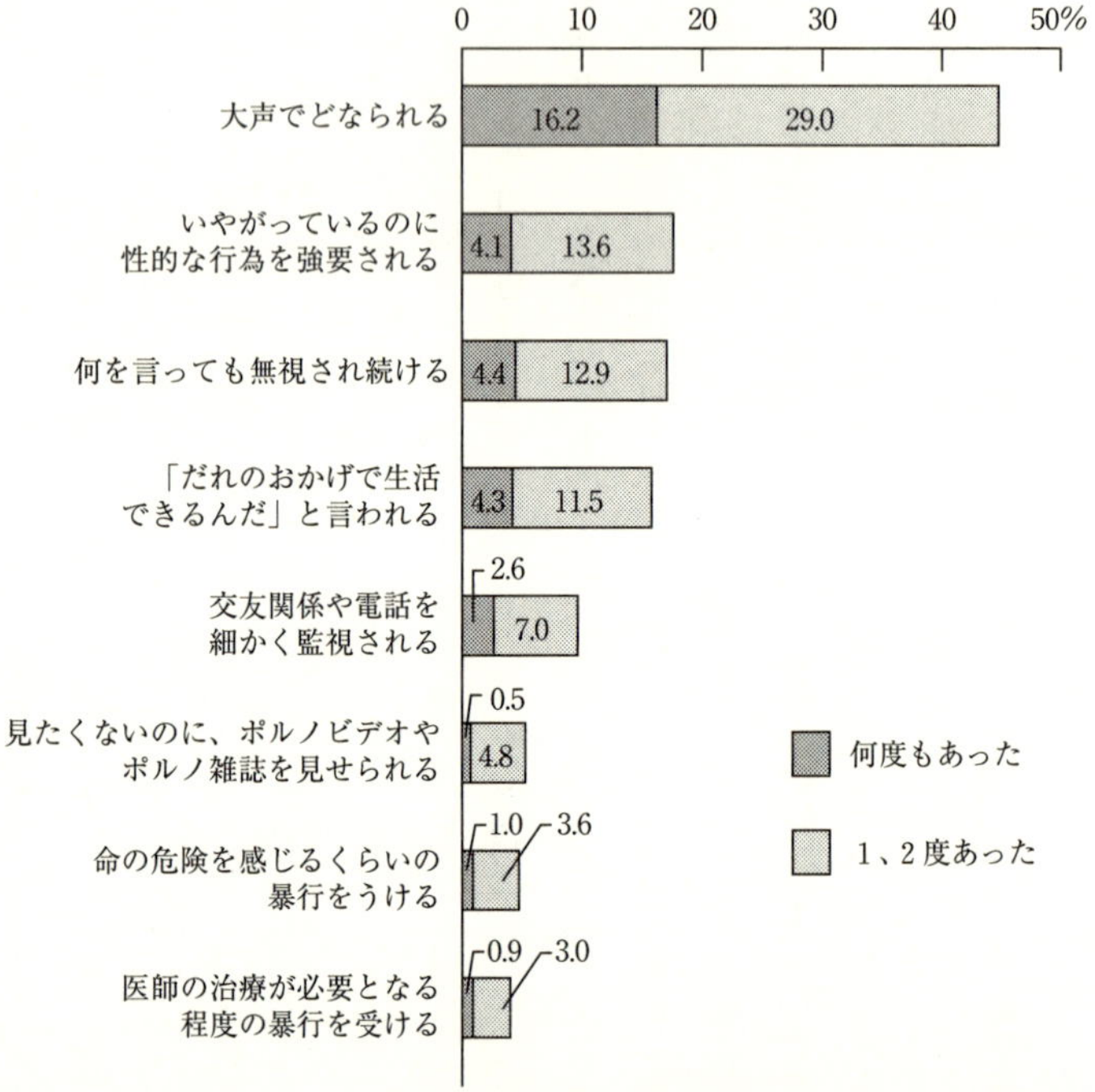

その後、一九九九年に総理府男女共同参画室が実施した「男女間における暴力に関する調査」[5]（二〇〇〇年二月発表）は、女性に対する夫（恋人など）からの暴力の実態が浮き彫りにされ、社会的に認識され始めた。

図4の「夫から受けた暴力の経験状況」を見ると、夫婦間（事実婚、別居中を含む）において「命の危険を感じるくらいの暴行を受ける」ことが「何度もあった」女性は一・〇％、「一、二度あった」女性は三・六％で、あわせると四・六％になる。また「医師の治療が必要となる程度の暴行を受

ける」では、「何度もあった」と「一、二度あった」をあわせると三・九％になる。

以上の数字から「約二〇人に一人の女性が〝命の危険〟を感じるなど夫（男性）からの暴行を受けている」ということがいえる。そして、夫から暴行を受けた女性の相談状況はといえば、「どこ（だれ）にも相談しなかった人」が三七・八％で、その理由としては「我慢すればなんとかやっていける」と答えた女性が四一・二％である。

「相談した人」のうち「家族」は五四・七％、「友人・知人」が三四・二％で、医師や警察、人権擁護委員などの「公的機関」に相談した人は三・六％、弁護士会などの「民間機関」に相談した人は〇・九％である。

私が住む神奈川県でも一九九九年七月に実施した県民ニーズ調査によると、「夫婦間の問題」として次のようなデータがある。

「配偶者（夫）の言葉に深く傷ついたことがある」　三三・八％
「配偶者（夫）に平手で打つ、つねる、こづくなどの暴力をふるわれたことがある」　九・三％
「配偶者（夫）に望まない性行為を強要されたことがある」　七・七％
「配偶者（夫）に暴力をふるわれけがをして治療したことがある」　一・四％

夫や恋人などの親密な関係にある男性から女性への暴力は、以上の調査から見ても、決して特別な関係にある男女間におけるものではないことがうかがわれる。

また、女性への暴力は、「最近の女性は力が強くなったから増えた」という説は、ここ二十年余り「夫から妻への暴力（殺人も含めて）」の検挙数が下降線をたどってきた事実から否定せざるを得ない。

では、なぜ「約二十人に一人」もの女性が〝命の危険〟を感じるほどの暴力を受けているのか。さまざまな事例を紹介しながら、その実態に迫ってみたいと思う。

注

（1）ドメスティック・バイオレンス研究所を主宰して、シェルター設置運動をすすめた人。著書に『バタード・ウーマン――虐待される妻たち』『恐るべき愛――バタード・ウーマンが殺人を犯す理由と社会の反応など』など。

（2）人間の対処能力を超えたできごとを経験して、それを経験したあとにいろいろな心身の不調があらわれる状況

（3）Posttraumatic Stress Disorder の省略で、実際にまたは危うく死ぬまたは重傷を負うようなできごとを、一度または数度、または自分または他人の身体の保全に迫る危険を、患者が体験し、目撃し、または直面したことでおこる症状。

（4）「東京都の『女性に対する暴力』調査」。アンケート調査「日常生活における女性の人権に関する調査」と「夫やパートナーからの暴力」被害体験者面接調査と関係機関ヒアリングの三部構成から成っている。

○アンケート調査（調査期間　一九九七年七月〜八月）
有効回収数　二八一九標本（女性一五五三標本）
○面接調査（調査期間　一九九七年一一月）
有効回答　五二件
○ヒアリング（調査期間　一九九八年二月〜三月）
対象機関　一六カ所
（5）「総理府男女共同参画室『男女間における暴力に関する調査』」
全国無作為で成人女性一七七三人の有効解答によるもの。

第二章　夫の暴力から逃れて

S子さんの例

S子さんに会ったのは、二〇〇〇年の晩秋、一一月。東京郊外に住むS子さんは日曜日の昼過ぎ、最寄りの駅まで出向いた私を改札口で迎えて下さった。紹介者から聞いてはいたが、清そな感じからひと目で彼女と分った。

よかったら私の住むマンションでという言葉に甘えて、彼女と話しながら駅から五分ほどの彼女と二人の子どもが住む三DKのリビングで話を聞かせていただいた。

彼女は三十代半ばで、子どもたちは小学校三年生と一年生。彼女の両親が住む実家とは歩いて十分ほどの距離で、二人の子どもたちはおじいちゃん、おばあちゃんの家にその日も遊びに出かけていた。

彼女は短大を卒業後、大手企業の一般職に就職。そして、職場結婚をした。

「彼とは、同期入社でした。がっちりした体格で、性格も積極的。つき合い始めてすぐに彼が転勤して遠距離恋愛になったのですが、いまから思うと毎日のように電話をしてきて、私の一日の一部始終を聞き出したりしてストーカー的だったと思うのですが、当時の私は彼がそんなに私を愛してくれているのだと思っていました。それに、会えば必ずプレゼントをくれて、そのプレゼント攻撃もうれしくて……。」

新婚生活は夫の赴任先で、S子さんは専業主婦となった。周囲には知人もいなくて、話し相手は夫しかいなかった。

「子どもが生まれる前は、ちょっとした口げんかをしたときなどに時計や身のまわりの物を投げる程度だったのですが……」

第一子の長女が生まれて、女の子だったせいか、夫は可愛いがって子どもに暴力をふるうことはなかった。ところが——

「二歳離れて、長男が生まれた頃、彼も職場で管理職になり仕事がいそがしくなったということもあったと思うのですが、イライラして子どもや私に暴力をふるうようになったのです。

長男が生まれて四カ月目のときでした。夜泣きをする長男に突然『うるせえ！　この野郎』と怒鳴ったかと思うと、足で赤ん坊を蹴りあげ、『おまえの育て方が悪いからだ！』と私に殴りかかったのです。これが、本格的な暴力の始まりでした。」

夫は何んの前ぶれもなくS子さんや子どもたちに暴力をふるった。

「例えば、家族で食事中に電話がかかって来て私が受話器を取り、モシモシとほんの少し話しただけで『食事中に電話をかけて来る奴なんかと話をするな！』と、突然、テーブルを引っくり返し、私に殴りかかってくるのです。殴るだけではなく、私の髪の毛を持って引きずりまわし、壁に頭を打ち付けたり。何度も何度もするのですよ。三時間以上も。子どもたちは、私が暴力を受けている間、泣きながら抱き合ってふるえていました。

最後に、私が『ごめんなさい、ごめんなさい！』と泣いて何度もあやまると、暴力が止むのですが……」

S子さんや子どもたちへの暴力は、家庭内だけではなく、家庭の外でも始まった。

「デパートの食堂で食事をしている時などに、子どもが少し騒ぐと、突然に『おまえの育て方が悪いんだ！』と大声で言って、テーブルの上の食べ物を床に投げ落として、自分だけ帰ってしまう。子どもは泣き出すし、食堂内の人たちもシーンとなって――。でも、誰れも夫に注意をしてくれる人はいませんでした。女の人たちの中には、同情的な目で見てくれていた人もいましたが……。私は恥ずかしさと流れる涙をぬぐって、散らばった食べ物を拾い集めて、食堂の方たちにもあやまって……」

これが家庭の外での暴力の第一回目だった。

「長女が三歳、長男が一歳の時に家族四人で動物園へ行ったのですが、私がセルフサービスの食堂で料金を余分に払い過ぎたのでそれを窓口に言いに行ってもどったところ、公衆の面前で『何やってるんだ！』と怒鳴って、私を靴で蹴ったり、殴ったりしました。子どもたちは泣き出すし、私はもう呆然となるし……」帰宅後、とても悲しかったので「人前であんなに怒鳴らなくても…」と言ったら、逆上して起き上がれなくなるほど、殴ったり、蹴ったりした。

S子さん親子にとって、家庭の外も安全な場所ではなくなった。

しかし、家庭の内外で暴力をふるった次の日になると、夫は「僕が悪かった！」とあやまり、S子さんにはアクセサリー、子どもたちにはケーキなどを買って帰り、〝優しい夫、優しい父親〟ぶりを見せた。

暴力がひどくなった二年の間に、S子さんは夫から拳で殴られるため、前歯が折れたり身体中がアザだらけになった。

暴力はエスカレートして、二、三週間に一回という割合で起こるようになり、最後は一週間に一回という割合で起こった。もうこうなると、バイオレンス・サイクルと呼ばれる「暴力爆発期——ハネムーン期——イライラ期」はなくなっていた。

「夫の暴力は、どんどん酷くなって、二十四時間やられたこともあります。時には会社を休んで三日間ぶっ通しでやられたこともありました。

髪の毛を持って壁に頭を何度も打ち付けるので、壁にいくつもの穴が空いたほどでした。時には、手で服をビリビリにされ、真冬に裸足で外へ逃げ出したこともあります。たび重なる暴力で頭がボォーッとしてしまって、私も正常に考える力がなくなってしまったというか、子どもたちもチック症状が出てきて……」

S子さんは、健在で社会的にも事業家として活躍されている夫の両親たちに夫の暴力について、なぜ相談されなかったのだろう。私がそのことを口に出すと――

「夫が暴力をふるい始めた時に、夫の両親に相談を持ちかけたのですが、実は――」

夫の母親も、夫の父親から暴力を日常的に振われ、夫もまた父親から暴力を受けて育ったことを知ったのだった。だから、夫の母親はS子さんに「息子に暴力を振わせる妻のあなたが悪いのよ」と言い続けた。

では、S子さんはどうして自分の両親に夫の暴力について相談したり、助けを求めなかったのだろうか。S子さんの家族は両親とも共働きで家事は夫婦が分担するといった優しい家庭で、暴力は存在していなかったのに。

「長女でしたから両親に心配をかけちゃあいけない！　と思っていたのと、自分が幸せであることを見せて両親を安心させたかったので……。

だから、妹の結婚式に列席するため、家族で夫の車に乗って行く途中に子どもたちが騒いだら、突然に夫が『おまえのしつけがなってないからだ！』と言って、車を止め、私を車の外に引きずり出し、雨上がりのドロドロの土の上で殴りまわされて晴着もドロドロになるという目にあったのです。私が土下座をしてあやまるまで、その暴力は続きました。でも、私は洗面所で泥を洗い、洋服も着がえて両親の前では幸せな家族を見せていたのです」

でも、S子さんが家を出ようと最後に決意したきっかけは、夫の実家での出来事だった。「夫の両親と私たちとで夫の実家の近くのレストランで食事をしての帰り道で、はしゃいでまわる二歳の息子を『うるさい！』と言って抱き上げアスファルトの道路に後頭部をぶつけたのです。私は思わず『死んでしまうじゃないの！　どうして、こんな事をするの』と言って息子を抱き上げ、夫に抗議したのです。幸い、息子はすぐに泣き声をあげてくれたのでほっとしたのですが――。

ところが、夫の実家に着いたとたん、突然に夫は私に殴りかかってきたのです。そして、私を奥の部屋へ引きづり込んで暴力を振い始めたのです。

その時、夫の両親は息子の暴力を止めるどころか、テレビのボリュームを上げて家の外に声がもれないようにしたのです」

このままでは、自分も子どもたちも〝生命が危い！〟と思ったS子さんは、本格的に家を出る手はずを整え始める。

でも、どうして、ここまで酷い暴力を受けていて逃げ出さなかったのだろう。

「こんなに酷い暴力を受けていて、どうして逃げ出さなかったと思われるでしょう。実は、上の子ども（長女）の頻尿のことで児童相談所に相談に行ったことがあるのです。そのとき、父親からの暴力や私への暴力のことを話したら、家を出ることを考えてみたら、と言われたりしたこともあるのです。でも、子どもと身のまわりの荷物を持って駅まで行ったのですが、気配でわかるのでしょうね、夫が待ちぶせしていて連れもどされたことも何度かあるのです。

そして、連れもどされる度に、暴力をふるわれて……。その上に夫から『お前は家を出て社会へ出て行っても、何もできない！　無力だ！　バカだ！』と繰り返し言われて暴力をふるわれているうちに〝自分の力では何にもできない！〟と思い込んじゃっていたのです。また、〝自分が悪いから暴力を振われる〟のだとも……」

そして、

「いまから考えると、暴力というオリの中に私は暮していたのだと思います」

S子さんにとって、しかし、力強いサポーターもいた。S子さんと同じマンションに住む女性たちだった。彼女たちはS子さんの家での暴力の物音と、傷だらけの身体や、泣きわめく子どもたちの声、そしておびえている子どもたちの様子などから、婦人相談所や女性センターの窓口の電話番号を教えたり、相談に行くようにアドバイスをしてくれた。夫の暴力を知った夫の親戚の人も家を出るようにと言ってくれた。

S子さんは夫の実家での暴力の後、初めて自分の両親に夫からの暴力について打ち明けた。びっくりした両親は夫に「今後、いっさい暴力はふるいません」という一筆を書かせたが、一週間も経たないうちに暴力は再発した。

S子さんにとって、何が家を出ることをためらわせたのだろう。

「『社会へ出て、二人の子どもを守って生活できるだろうか』。これが第一でしたね」と、S子さんは語る。

夫からの暴力をのがれて、それまでの友だちや仕事などすべてを捨てて新しい生活を始めることが被害者の妻に要求されるのが、ドメスティック・バイオレンス（DV）の女性の現在の立場である。

夫からの暴力をふたたび知ったS子さんの両親の協力もあって、S子さんは婦人相談所の一時保護所に。

各都道府県に存在する婦人相談所は、一九五八年（昭和三三）四月に施行された売春防止法によって、売春婦と呼ばれる女性を更生するための施設として出発したが、現在、夫などからの暴力被害者の女性たちの相談窓口の役割が大きなウェートを占めるようになり、その一時保護所は行く場所を持たない女性たちと、夫などの暴力から逃れて身を寄せている女性で、都市部においては満室状態である。

S子さんも二人の子どもとともに婦人相談所の一時保護所にまず身を置いた。安全な場所とは思っても、心は揺れに揺れた。

「どこへ逃げても、（夫は）連れもどしにくるのじゃないか。早く（家へ）もどらなくちゃあ。見つかったら、もっと酷く殴られるから――」

だから、男の人の声が少しでも聞こえると「夫が連れもどしに来たのじゃないか」と不安で身体がふるえた。

しかし、一時保護所の職員たちから「もどっても同じだから」という言葉と、「一歩、出られたじゃない！」という励ましに支えられ、S子さんはその後、公立の女性センターのシェルター（緊急一時保護施設）へ。

いま、DVの女性を安全に一時的にも保護する場所は、民間のシェルターと数少い公立の女性センターのシェルターがその役割を担っている。シェルターについては第八章で述べるが、S子さん親子にとっては、婦人相談所の一時保護所と女性センターのシェルターは、まず夫（父親）からの暴力から身を守り、心の安定を少くとも得られたという点では大きなサポートだったということが言えよう。

しかし、婦人相談所の一時保護所やシェルターに保護されても、夫の許へ帰る女性は多い。二度、三度、五度と、来ては帰り、帰ってはまた来るということを繰り返しながら、彼女たちは自分が置かれた立場を認識し、自分自身に力をつけていく。パワー・アップしながら、自立への道を歩んでいくケースが半数以上といっていいだろうか。

その後、S子さん親子は母子生活支援施設（元・母子寮）へ入所。長女も小学校に復学し、その間に弁護士を頼んで家庭裁判所で離婚調停を経て、夫とは正式に離婚した。

「弁護士さんは女性で、とてもいい方でした。DVについても理解があって。調停では、夫は『反省している。もう二度としませんから』と言ったのですが、実は夫の父親からも私、性的虐待を受けていたことを話して、一年かかりましたが、離婚の手続きをすませました。正直言って、世間的には夫も夫の父親もとてもいい人で、何度、家にもどろう！　離婚をやめよう！　と思ったこともありましたが、夫からの暴力を思いおこして離婚に踏み切りました。」

S子さんは、当時の夫からの暴力を思い出したように話す。

「夫は殴りながら私に『おれに逆らうなんて、とんでもない！』『おまえは、おれの支配下にあるんだ！』と怒鳴る。

パチンコで一日、二十数万円も浪費し『おれの金だ。文句あるか！』と言って、生活費をくれなかったりしたこともありました。」そして、「妻を所有物のように思って殴る。妻は自分の意思を持ってはいけない！　ハイしか言ってはいけない！　と言われて……。首をしめられたこともあります。飲まず食わずで拳で殴り続けるのですから」

S子さんは母子生活支援施設に落着くと、手に職をつけたいと考えるようになり、職業訓練所へ通って簿記二級の資格を取得。そして、理解ある経営者の税理士事務所へ就職することができた。そして、二〇〇〇年の四月に母子生活支援施設を出て、両親の住む家の近くにマンションを借りて移り住んだ。

「事務所の経営者だけでなく、職員の人たちもとてもいい人たちばかりで、子どもが小さいから在宅で出来る仕事は家でやっていいと言われて、とても優遇されていて、これでいいのかしらと思うほど。将来は税理士になって独立するようになどとも言われていて……」と、うれしそうに話すS子さん。帰りも、駅までの道で「私の話が、これ以上、かわいそうな女性をつくらないために役に立つなら——。」と。

S子さんは、夫からの暴力を逃れて子ども共々、自立を果たされたケースの一つとしては恵まれた女性かもしれない。

「ここまでこれたのは、自分一人の力ではなく、婦人相談所やシェルターの職員の方たち、また母子生活支援施設の職員の方たちの励ましがあったからこそ。また、私の両親には心配をかけましたが、とても力になってくれて感謝しています」と、素直に語る。

二人の子どもたちも、S子さんの両親の愛情も受けて、「ここ一年で、長女は七センチも背が伸びたのですよ」と。「長男のチック症もいつの間にか直ってしまって」とうれしそう。

DVの悲劇は、妻である女性を心身ともに傷つけるだけではなく、子どもたちにも大きな心の傷を与える。

B美さんの例

B美さんとは彼女が学生時代から知っていたが、大学卒業後、就職して結婚した相手が暴力をふるう夫であったということは、離婚してから最近初めて聞いて驚いた。

一年近く前だったろうか、B美さんから調停離婚をしたいので相談に乗ってほしいと電話を受けた。私は、簡易裁判所に所属する民事調停委員はしているが、離婚事件などは家庭裁判所の家事調停委員の担当なので、相談をするなら離婚事件を多く扱っている女性弁護士がいいのではないかとアドバイスした。

その後、二〇〇〇年の秋に、離婚して二人の子どもを連れて実家にもどり、再就職したという報告を受けた。そして、年が明けて、私がドメスティック・バイオレンスと呼ばれる夫から妻への暴力についで取材をしていると話すと、B美さんが「私も、その夫からの暴力があまりにも酷いので離婚したんです」と聞かされ、えっ！　こんなに身近にも――と驚いてしまった。

B美さんは、

「ともかく、あまりにも夫の暴力がすごくて、離婚できるなら、慰謝料も子どもの養育費もいりませんからって離婚に応じてもらったんですよ」と語る。

B美さんが結婚した相手は、中学時代同級生のボーイフレンド。中学時代は交換日記を書き合う仲だったが、高校は別の学校だったため、再会したのは中学校の同窓会だった。二六歳という年齢と、懐かしさから二人は彼の家で同居を始めた。

「いま、考えれば、どうして再会してすぐに同居を初めてしまったのか不思議なんですが、彼の家族も、彼が望むなら私と一緒に住むことに賛同するような雰囲気が強くて――」

B美さんが同居した彼（以下、C君）の家族は、C君とC君の妹、それにC君の両親。父親は商社勤務で長年にわたって海外勤務のため、ほとんど単身赴任で家を留守にしていた。だから、専業主婦のC君の母親が二人の子育てと家庭管理をまかされていた。

「彼のお母さんは、いつもC君は父親がいない家庭で育って、本当に可愛相！　可愛相！　というのが口ぐせで、C君の言うことは何んでもかなえてあげるといった母親って言ったらいいかしら。お父さんは、働いている間はたまに家に帰って来ても、亭主関白で、お母さんのぐちを聞いたり、相談に乗るなんてことはなかったみたい」

B美さんが同居を始めた六年前は、ちょうど父親が定年退職で仕事を辞めて家にもどった時期だった。C君がB美さんと同居したいと言った時も、父親はとまどいながらだったが、母親は「C君が望むなら」と賛成した。

そして、B美さんはC君から「家に居てほしい」という言葉から、仕事も辞めた。

「私は結婚式をしたかったので、ウェディング・ドレスを注文して結婚式場も予約したんですよ。でも、彼は二人が結婚するのにどうして皆を招ばなければならないのかって反対して、結局は友達も一人も呼ばなくて、私の両親と彼の両親だけが出席するという式になっちゃったのですが」

驚いたことに、B美さんは結婚式の前の日に初めて外出を許され、自分の家に一晩もどったのだと言う。

私が「それって、同居という名の軟禁じゃないの」と聞くと、「そうですよね。友だちとの連絡もあまり取れなくて。後で友人達に聞いたら、私が軟禁されてるってウワサになっていたらしいのです」

食事も五人揃っての食卓だったが、家族の中心は、父親ではなくてC君だった。

「食事の時も、彼はすごく我がままなんですよ。お酒が好きで、ウイスキーの水割りを飲む時なんか、氷の入れ方が悪い！　なんて母親に怒鳴ったり。父親がその言い方を注意すると『おまえなんかに、ツベコベ言われる筋合いは無い！』と言い返したりして。すると、母親も『お父さんは、肝心の時に家に居なくて、C君は可愛相だった』なんて言うんですよ」

B美さんが彼に「そんな言い方を親にするのは良くないわよ」と言っても、誰もC君に意見をするような感じではなかった。「お父さんなんて、彼に怒鳴られて家を出て行ってしまったこともありました。なかなか帰って来ないので探しに行ったら、近くの公園のブランコに乗って眠っていたこともあって……」

C君が怒鳴る度にC君の母親は「C君は父親が居なくて育って、可愛相！　可愛相だった」と言い、「私も、だから心臓が悪くなったのよ」と、高血圧と心臓病を単身赴任で家を留守にしていた夫のせいにする。父親も妻のその言葉で黙ってしまう。C君の妹も、そんな家族の雰囲気の中で小さくなって、ただ嵐が吹き過ぎるのをじっとして待つ。

「彼は、家の中では暴君でも、家の外では気が小さくて、お酒を飲まないときちんと話すこともできないタイプの男性って言ったらいいかしら。自信がないのね。だから、職場も転々とするし、その理由も自分のせいではなく、社会が俺を正しく評価しないからだと言う」

子どもが生まれても、C君は父親という意識が育たないのか、B美さんに

「どうして、俺のことを構わないんだ！　子どもばかり世話しやがって」と怒鳴る。

妊娠中に、B美さんの腹を蹴り上げたことも一度や二度ではない。

「初めての出産と育児で、子どもに目が行き、どう世話しようかと思うのが母親じゃないですか。それが、彼には気に入らないみたいで『いいかげんにしろ！』って、私を殴ったりするんですよ。」

B美さんが二人目の子どもを妊娠したのを機会に、C君の家族と一緒の生活からマンションを買って親子だけの生活を始める。

「私の父親からお金を借りて頭金を払ってマンションを買ったのですよ。彼も親から離れれば、少し

は父親らしくなるかなと思ったのですが……」

C君は、自分の気が向いた時だけは父親らしい真似事をすることはあっても、自分が気に入らないと子どもたちにまで怒鳴ったり、手を上げたりした。

「食事の時など、自分だけお酒を飲んでダラダラしているのに、子どもがテレビを見ながら食事をしていると、食べ方が悪い！　食べ方がのろい！　などと怒鳴るので、子どもも脅えてしまって、なかなか食事がすすまないんですよ。すると、また『遅い！』と怒鳴る。子どもが泣き出すと、『うるさい！』と食卓の上の物を投げる。私が、仲裁に入ると、『おまえの育て方が悪いんだ』と、今度は私に向かってくる。子どもは泣き出すし、もう、食事どころじゃないですよね」

上の子が幼稚園に行き出すと、時には車でドライブに行ったり、買い物に出かけたりと、自分が気が向くと、父親らしい態度を子どもたちに見せるC君。

しかし、B美さんが離婚を決意したきっかけは、B美さんへの暴力が子どもに与える影響について考え始めたことだった。

「その時も、何の理由だったか忘れるほどのことだったのですが、口論の末彼が、突然に私をほうりなげようとした時、彼が手をすべらせて私が床に倒れた時に、舌をかんでしまって、ドバっと血が口からあふれ出たんですよ。

二人の子どもたちはかたわらで泣いていたんですが、その瞬間、真っ青になってしゃがんじゃったんです。
子どもにどんな父親でもいる方がいいという考えが少しは私の中にあったのですが、こんな暴力をふるう父親の下で子どもが育つ環境は、必ず将来に悪い影響を与えると思ったのです。もう、離婚しよう！　と決意して。二人の子どもを連れて実家へもどったのです。」

B美さんは、それまでにも何度も夫から暴力をふるわれ、病院へ治療に行くほどのケガを負っている。そして、実家へも何度も逃げ帰っている。その度に、実は夫だけではなく、夫の両親が訪れて「もう暴力はふるわない」「もう暴力はふるわせません」から、帰ってほしいと頭を下げて頼んでいる。B美さんも、その度に、子どももいることだからと戻っていたのである。

しかし、この暴力の時に見せた子どもたちの驚がくの態度を目の当たりにして、B美さんは、自身の安全のためだけではなく、将来にわたる子どもへの影響を考えると、例え子どもにとって父親は不在となっても、子どもにとって心身ともに暴力の存在しない環境を与えることのほうが最善と考えて、離婚の覚悟を決めたのである。

実家にもどったB美さんは、両親にいままでの同居以来のC君との関係や家族関係について包みかくさず話し、離婚に向けて協力をしてくれるよう頼んだ。

離婚調停の場では、男女の家事調停委員のうち、女性調停委員は「夫はもどってほしいと頼んでいるのだから」と復縁をうながした。男性調停委員は「離婚して、二人の子どもを養育していく自信があるのか」とB美さんに何度もたずね、できれば離婚をおもいとどまるように言った。

しかし、B美さんの離婚の決意は固く、慰謝料も子どもの養育費も請求しないから離婚に応じてほしい旨を夫に言ってくれるよう、主張した。

C君側は「上の男の子は、家の跡とりだから親権だけは自分の側に」と言い張り、B美さんは養育権を自分の方にくれるならと、不承不承に承知した。そして、月二回の父親であるC君との面接権も譲歩するかたちで離婚調停に応じ、調停条項[1]がつくられた。

B美さんから、「家事調停委員の人たちって、夫からの暴力の怖さや子どもへの影響についてよく知らされていないのじゃないかしら。私は、そう感じたわ。このこと、ちゃんと書いて下さいね。」と、何度も言われてしまった。

B美さんにとって離婚への道は、自分の両親の物心ともの力強い援護と、大学時代に取得した資格などが、離婚しても二人の子どもたちと生活していけるという自信につながり、大きな力となった。

離婚して一年近くたった現在、B美さんが何よりうれしいのは「暴力のない安全な家庭と子どもたちの心の安定」であると語る。「いつもびくびくしながら食べていた食事を、誰れにもおこられないで安心して食べることができるせいか、子どもたちのチック症や夜尿症などが治ったことが母親としては一番の安心」と。

最後に、B美さんに「どうして、六年間も夫の暴力に耐えたの」と聞くと、

「私の家族は皆、明るくって、結構、強い人たちなんですよ。私もそうだったから、私の明るさで彼を変えることができるって思ってしまっていたのね。甘かったわ」と。

S子さんやB美さんに共通しているのは、実家の両親が彼女たちの強い味方であり、暴力からのがれることを決意した時点で彼女たちを物心ともに援助していることである。暴力をふるわれる妻たちのうちで、それを自分の両親やきょうだいに相談しても、また相談できる自分の肉親を持たない人たちもいるが、協力を得られない人たちが少なくない。その場合、離婚を決意しても、それを実行に移すことはなかなか難しいだろう。その点で、夫や恋人の暴力からのがれるためには大きな社会的な援助が必要となることを忘れてはならない。

私は、S子さんやB美さんの話を聞いてから、妻や恋人に暴力をふるう男性について考えるようになった。

S子さんの夫の場合は、父親が母親に暴力を日常的にふるう環境で育ち、自分自身も父親から暴力を受けている、いわゆる暴力環境下で成人した男性である。このような男性の場合、自分が受けた傷が癒されないで成人して同棲や結婚した場合、多くが恋人や妻への暴力の加害者になると言われている。この事例は、第五章でくわしく述べるが、アメリカや韓国の調査でも報告されている共通点である。

B美さんの夫の場合はどうだろうか。日常的に父親から母親への暴力があったわけでもなく、父親からの暴力もない。あるとしたら、母親からの心理的虐待といおうか、母親の〝囲い込み〟の育児環境がある。父親が仕事（会社）人間で、家事も育児も妻まかせ、妻との関係も「夫は仕事、妻は家事」という性による役割分業から決して対等な夫婦の愛情ある人間関係とは言えない状況の父親不在の家庭環境の中で育てられる息子。俗に言われるマザコン亭主とドメスティック・バイオレンスの関係は、注目に価する。

私が今回の女性への暴力の取材で浮かびあがってきたのは、B美さんの元夫だったC君のような男性である。この点についても第五章で紹介したいと思っているが、ここに一冊の興味深い本を紹介したい。

この本は、現在、京都大学医療技術短期大学部助教授の菅佐和子氏が書かれた『「永遠の少年」の娘たち』（星和書店）である。

私が一九九七年頃だったと思うが、東京の書店で題名に魅かれて買い求めて一読後、私の本棚に置かれていたものである。

B美さんの取材の後、もう一度、この本のページをひらいてみた。そして、「永遠の少年」の男性とドメスティック・バイオレンスの関係について知ることができたのである。

ここでは、簡単に「永遠の少年」について紹介しておこう。

「永遠の少年」（Puer aeternus）とは、菅佐和子氏の恩師である河合隼雄氏によると、ユング心理学で「少年らしい可能性や魅力を持っているが、現実と向き合っていく大人になることのできない人間像」のことで、このような元型にとりつかれてしまっている人を、一般的に指すのだという。

菅佐和子氏は、この本の中で、「強い母親コンプレックスを招き、『永遠の少年』の元型に同一化しているような男性」の特徴として、

①社会的には不適応で、転職、飲酒、浪費、女性問題などを起こす。

②外でのウップンを家庭内で晴らすため、些細なことで激昂し、妻子に当たり散らす（その怒りかたは、かなり病的であり、理不尽で、手がつけられないことが多い）。

③その反面、繊細でやさしく、甘やかな魅力をも備えており、どこか憎み切れず、立ち去り難い面をもっている。（といっても、急に機嫌が悪くなったり、残酷な言葉を平気で吐いたりするので、魅力を感じるぶんだけ相手は傷つくことになるが）。

この「永遠の少年」型の男性は、実は私たちの身の回りに多くいるのではないだろうか。

注

（1）「調停条項」

裁判における判決文と同様に法的拘束力を持つ条文。調停においては民事、家事ともに両者が同意すれば成立と同時に調停条項が作成される。

第三章　妻への暴力は犯罪

前夫起訴まで二年

二〇〇〇年の夏、私はある新聞記事に目が吸い寄せられた。

それは「ドメスティック・バイオレンス前夫起訴まで2年」（読売新聞八月二三日付）という見出し記事だった。この記事によると、夫の暴力に耐えかねた五一歳の女性が、警察に被害届を出して二年余りたった二〇〇〇年の七月末、ようやく東京区検察庁がその間に離婚した五二歳の元夫を障害罪で東京簡易裁判所に起訴したというものだった。

さっそく、私は東京簡易裁判所に裁判を傍聴したいので公判の日時を知らせてほしいと返信用のハガキを同封して手紙を出した。そして、一〇月一三日の午後二時半から刑事法廷で開かれた第一回目の裁判を傍聴することができた。

第一回公判は先着順ですからと聞いて午前中に霞ケ関にある東京地方裁判所前の順番待ちの場所に

讀賣新聞

ドメスティック・バイオレンス

時 TOKI

前夫起訴まで2年

「何もしなかったら、不起訴だったかもしれません」。夫の暴力に耐えかねた千葉市内の女性(51)が警察に被害届を出して二年余り。東京区検は先月末、ようやく前夫(52)を傷害罪で東京簡裁に起訴した。

「どこの男に電話してるんだ!」。二年前の春、深夜の路上で、浮気を邪推した前夫から携帯電話を取り上げられ、顔を数回殴られた。左まぶたが切れ、救急車で病院に運ばれた。全治二週間だった。

前年の一九九七年夏から同居を始めた。しっと深い点は少し気になったが、お互い離婚を経験、うまくやっていけると思っていた。

しかし、現実は違った。

近所の男性に会釈しただけで、「今のはだれだ」とどなられる。住所録の手帳を捨てられたり、携帯電話の発着信記録を調べられたり……。仕事で帰りが遅いと、服を破られ、ビールをかけられた。110番通報で駆けつけた警察官も、夫婦と分かると、「民事不介入だし、その程度の被害では」と二の足を踏んだ。

顔に傷を負い、とうとう離婚を決意。被害届を出し、別居した。三か月後、前夫は東京区検に書類送検されたが、区検から音さたはなかった。担当の副検事に電話すると、「前夫は否定しているし、だれも犯行を見ていないから」と歯切れが悪かった。

「十分に捜査されないまま、終わってしまうかもしれない」。不安がよぎりはじめたころ、息子の死亡事故をめぐって両親が検察を動かし、運転手の不起訴処分が覆った「片山隼君事件」の記事を目にした。

「夫婦だったという理由で不起訴にしてほしくない。暴力を受け続けた経緯を見て下さい」

区検に何度も電話をかけ、手紙も出した。

その思いが通じたのか、今春、新しく担当になった副検事は「待たせて申し訳ない」と謝ってくれた。じっくり話を聞いてくれた。法医学者に治療のカルテを持ち込み、分析してもらった鑑定結果にも目を通してくれた。「法律の前に、常識がある」。副検事の一言に、勇気づけられた。

夫婦間など家庭内での暴力「ドメスティック・バイオレンス」。総理府の調査によると、結婚歴のある女性の二十人に一人が、夫から「命の危険を感じるくらいの暴行」を受けた経験があると答えている。

この問題に詳しい林陽子弁護士は「訴えを受けたら、すぐに裁判所が被害者の保護命令を出し、暴力がやまなければ、捜査機関に加害者逮捕を義務付けるような制度を導入すべきだ」と言う。

女性は、区検の処分に感謝している。だが、「二年以上も前のことを具体的に思い出すのは難しかった。もっと早く処理してくれたら」との思いは消えない。(竹原 興)

shakai@yominet.ne.jp FAX 03・3245・1277

(「読売新聞」平成十二年八月二三日付)

立っていたが、実際はその後の法廷に入る前のボディチェックや警備の人たちの人数に比べて、傍聴者は一〇名ぐらいだった。

被告席には、長身で紺色の背広姿がきまった被害者の元夫。大手企業の元管理職の被告人は、裁判所職員が弁護士とまちがえたほどの外見で、傍聴席の被害者の女性も、スーツ姿が似合うキャリアウーマン型の美形。こんな事件がなければ、すてきな中年のカップルとでもいえる二人。

検察官から、公訴事実が読み上げられる。「平成一〇年四月二八日午後一一時三〇分頃、東京都〇〇において、被害女性に対し、同人の顔面を手拳で数回殴打する暴行を加え、よって同人に加療約三週間を要する顔面打撲傷等の障害を負わせたものである。

罪名及び罪状は、傷害　刑法二〇四条にあたるものである」

と。

刑法二〇四条とは「人の身体を傷害した者は、一〇年以下の懲役又は三〇万円以下の罰金若しくは科料に処する」というものである。

米澤敏雄裁判官は、被告人の元夫に対し「うそを言う権利はありませんよ」と前置きして、罪状認否に入った。

被告人は「数回殴ったというのはまちがいで、故意に殴ったのは一回しかない」と。

被告弁護人も「傷害においては、因果関係がはっきりしない」と主張した。

その後、検察官から被害者と被告人の関係及び事件の概要についての陳述がなされた。

「互いに子どもがいる両者が同棲を始めた平成八年一〇月頃から夫（被告人）からの暴力が始まった。妻（被害者）の知人や仕事上の相手を浮気相手と決めつけ、近隣に助けを求めるほどの暴力をふるった。

離婚を考えるようになった頃の平成一〇年四月二八日の夜、妻が自宅へ向かう夜道で息子に携帯電話をかけていると、突然、夫は浮気相手と邪推し、携帯電話を取り上げて妻に殴りかかり、胸倉をつかんで殴打し、顔面左側をめがけて拳を繰り出した。一〇回ほど殴られた妻は左眼球から出血。〃助けて！　助けて！〃と叫ぶ妻の声に駆けつけた現場近くの人が夫に『病院へ連れて行くように』と言ったところ『夫婦ですから』と夫は答えて、その場を立ち去った。

駆けつけた人が一一〇番をして救急車で運び込まれた病院の診断書は『全治二週間を要する見込みの顔面打撲傷』。医者の意見書にも『数回の殴打によるもの』とされている」

次回は、被害者からの証言を聞くことが決定され、閉廷となった。

私はこの第一回の公判の傍聴に行ったことで、被害者の女性からその後、話を聞く機会を持つことができた。被害者の女性を、K子さんと仮に呼ばせてもらおう。

K子さんの話によると、事件後すぐに警察に被害届を出したものの刑事から「夫婦の問題だから」と言われ、悔しい思いをしながらも月に二回は担当の副検事に「夫婦だからと不起訴にしないで下さい」と電話をし、二年経った二〇〇〇年の四月、検察庁から事情聴取に呼ばれ、七月末に傷害罪として起訴となったということであった。

K子さんが元夫の彼と出会ったのは、通勤電車の中だった。その前年に長年つれそった前夫と離婚し、成人した二人の子どもたちはいたがシングルウーマンにもどった彼女は、営業マンで、音楽や政治、経済と話題が豊かでソフトな口調で話す彼に魅かれていった。聞くところによると、彼も成人した二人の娘がいるが、妻と別れて独身だということで、二人は知り合って一年足らずで同棲を始めた。「平成九年（一九九七年）の夏、お盆休みを利用してマンションに引越したのですが、引越し荷物も片付いていない状態なのに、私の父に前妻への慰謝料（八五〇万円）を借りに行くために、疲れて寝ている私の両足を持ってベッドから引きずり降ろし夜中に車に乗せて私の実家へ行くという、いま考えてみると、これが最初の異常行為でしたね。

そして、私が仕事関係や同級生の男性とお茶を飲んだり、食事をしたりするだけで、浮気を邪推し、何度も私のアドレス帳や手帳を破いたりしました。ご近所のご主人やマンションの管理人とちょっと挨拶しても、すぐ邪推して……」浮気を邪推しての暴力は、時に異常とも思えるものだった。「私の服をビリビリに裂いて裸にし、日本酒の一升瓶を一本ふりかけたり、ビール（大二本）をぶっかけたり。そして、最後には風呂場まで引きずって行かれて、シャワーをかけられたりしました」

K子さんが、あまりの暴力に二、三日一人で考えたいから旅行に行きたいと言うと、「旅行用カバンをハサミで切って、中に入っていた物を食器棚の上やマガジンラックの中などの背の高い家具の上に隠したりするんです。そして、私を外に一歩も出ないように玄関に布団を敷いて自分がそこに居すわるなんてことをするのです」

そして、暴力はますます、酷くなっていった。「私の母の位牌を投げて傷をつけたり、前の主人からのプレゼントのシャネルの時計（二五万円相当）を壊したり……。私の身体をドアーの間に挟んで締めつけるため、腕にはいつも青アザがついていました」

K子さんのあごの下の部分に指を何本も強く食い込ませて、両あごの下に指の跡で何ヵ所もアザをつける。これは、多くの暴力夫がやる行為である。衣服を裂かれて裸にされ、玄関の外やベランダへ出されたことも一度や二度ではないという。

「恐かったのは、料理用のナイフを寝室に持ってきて口の中へ入れ、奥に突き当たる直前に口から抜くということを繰り返して、最後には、私のパジャマの袖で首を締め、布団蒸しにされたことです。本当に死ぬかと思いました」

死ぬような暴力の後には、必ず両手でK子さんの後頭部を壁やドアーに何度もぶつけた。そのため、K子さんの頭にはいつもコブができていた。

同棲はしたが、あまりの暴力で婚姻届を出すのをためらっていたK子さんだったが、同年の一一月末、彼はK子さんを車に乗せ、無理矢理に夜中に夜間受付けで届け出を出した。

「夫が会社の同僚や仕事先の相手に『俺の女房に手を出すな！』などと電話をするので、結局、私も会社に居ずらくなり、仕事を辞めて家庭に入ったのです。そこで夫の会社の健康保険に入れてもらう手続きを早くしてほしいと言ったのですが、会社には私と結婚したこと言ってなかったのですよ」

K子さんの娘さんが、母親を心配して彼と話し合いを持とうとしたが、一日目は怒って出て行ってしまい、二日目には話し合いの途中で逆上して家中の電気（照明）を全て切って真っ暗にし、窓を全開し、暴力をふるった。足にケガをした娘さんは一一〇番をし、かけつけた警官から「告訴しますか」と問われたが、告訴することで母親がまた暴力を受けるのではないかという恐怖から、「告訴はしません」と答えてしまった。

「夫の暴力でパトカーを呼んだのは、この時が初めてでした」

K子さんの娘さんは、その後彼の前妻の二人の娘さんたちに連絡をとり、彼が彼女たちと暮らしていた時の様子を電話で聞いたところ、前妻にもよく暴力をふるっていて、娘たちが止めに入ると「何もやっていない」と言い張り、決していい夫、いい父親ではなかったということを知る。前妻との離婚の原因も、彼の暴力と家族への責任のない態度からだったということも。

そして、前妻の娘さんたちからK子さんに「父は異常なのです。ぜひ、病院へ連れて行って下さい」という電話が入る。「夫は、私を愛しているから暴力をふるうのだと言い張り、病院へ行ってと頼む私に病院なんか行けるかと言って、行こうとはしませんでした」

しかし、彼の暴力は異常性を帯びていった。例えば、雪の降る真夜中にK子さんを裸にして引きずって玄関の外に放置したり……。K子さんは、クリニックを訪ねたところ「三〇代ぐらいなら多少治るかもしれませんが、離婚を勧めます」と医者から言われ、前妻が離婚の時に依頼した弁護士に相談したところ「あのご主人は行動が大変に子どもっぽく、決着がつくまで苦労したよ。言っていることは、前の時と同じだね」と言われてしまった。

K子さんは、この時点でも、まだ離婚することに心が揺れていた。

「夫は、私が前につとめていた会社に行っては私の元の同僚の女性たちをデートに誘ったり、生活費を月に三万円しかくれなかったりするので、夫の実家へ行き夫の姉からいろいろ言ってもらったのですが、その場では納得をしたようなことを言うのですが、全然、効果はありませんでした」

夫の暴力はK子さんへの身体的暴力だけではなく、K子さんが大切にしている物を壊したり、玄関の鍵を壊したりと物的な暴力にまで発展していった。

マンションの玄関の鍵を壊して元の部分にガムテープが貼ってある理由を聞くと、風通しをよくするためだなんて意味のわからないことを口走しったりするんですよ。

また、私が夫の暴力から逃げてパトカー呼ぶ時間をとるために部屋に鍵を付けたところ、私の留守中に鍵穴にアロンアルファー（接着剤）を入れてダメにされてしまいました」

同居してから半年。異常な暴力を繰り返す夫との離婚を考え始めたK子さんは、弁護士に依頼する。そして、前妻との離婚の原因が長年の夫の浮気だったことを知る。そして、前妻にも別れ話が持ち上ってから暴力が始まったことを聞く。

K子さんは、二人の子どもに与える心の傷と、老後の不安から、夫と別れることを決心するが、夫の異常な暴力行為を考えると、恐怖を覚える。しかし、この頃からK子さんは夫が暴力を振るう度にパトカーを呼ぶようになる。

夫はその度にパトカーが着く前に逃げて姿を消す。そして、あろう事か最寄りの警察署に行きK子さんがオカシイ！ と言いつのる。警察署で「そんなイヤな女房なら、別れたらどうですか」と言われ突然「別れてもいい。そのかわり、マンションの債務三〇〇〇万円を出せ」とK子さんに条件を出してきた。

K子さんは離婚届けの用紙を用意する。しかし、K子さんへの暴力は続く。

「真夜中に、口論の末、私のアドレス帳を破り、下着をビリビリにして、前腕打撲（後に診断書）のケガを負いました。この時は、私の叫び声を聞いた隣室のご家族が警察に通報して、私の家のドアー叩いて助けていただいたのです。そして裸同然の私にコートを貸して下さって……。夫はシーツをビリビリに破いた布団に横たわって、やって来た警察官の質問になに食わぬ顔で『なんでもありません』と答えていました。警察官から『どうして、こんな事をするのだ』と怒鳴られていました」

K子さんへの暴力は、マンション中の知るところとなっていた。

持ち回りのマンションの管理組合の理事長をしていたK子さんの夫は、度重なる夜間の暴力とパトカー騒ぎから、夫婦宛てに通告書が出され、理事長としては適格ではないとして解任された。

「この時も、夫は理事会に興奮して乗り込み、ぺらぺらと私の悪口を言い続けたために役員たちから出て行くようにと言われ『覚えていろ』と捨てセリフを残して立ち去ったそうです」

K子さんへの暴力は、もうK子さんの堪忍袋の緒が切れるほど酷くなっていった。

「今回の事件が起こるちょっと前、夜遅く帰宅した夫は、この夜も私の前の勤務先の方との浮気を邪推して、私の洋服をビリビリに破いた後私の手帳を破いたのです。

これまで何度も何度も同じようなことをされて大変悔しい思いをしていたので、とっさに夫のスーツをハサミで切った後、夫の手帳を破いてしまいました。夫には、いままで同じことをされてきた私の気持ちをわかって欲しいと思ってやったのですが、冷静になった現在考えるとやらなければよかったと思っています。この時も、私がパトカー呼びました。出動して下さった防犯課の刑事さんも、夫の異常なまでの邪推を以前からよくご存知だったので『いい加減にしろ。こんなに奥さんがいやがっているのがわからないか』と言って下さいました」

罰金三〇万円也

今回の傷害事件は、K子さんが夫と同居を始めてから八ヵ月目におこった。

一九九八年（平成一〇）四月二八日。午後一一時過ぎだった。

「私が夕食後、いつも行くYという飲食店に行ってビールを飲んでいたところへ夫が会社の同僚とやって来ました。三人は閉店の時間の午後十一時に店を出ました。夫とは一緒に帰りたくなかったので、ひとり別の裏道から自宅へ向かいながら、家に息子がいたら夜食をごちそうしてあげたいと思って携帯電話をかけながら歩いていたところ、バッタリ夫と出くわしたのです」

〝また、男に電話をかけているのか〟という夫の怒声と共に、K子さんが持っていたハンドバックをひったくって、道路に何度も何度もたたきつけ、K子さんの顔面左側に殴りかかった。拳で数回殴られたK子さんは鼻の左側にあいた穴からと鼻血でポタポタと血が流れた。「助けて！」と叫ぶK子さんの声に、近所の人が駆けつけて

「どうしたのですか」と聞くと、夫は「女房なのですから」と答えた。

「奥さんなら、救急車を呼んだらどうですか」という近所の人の声を無視して、夫はその場を立ち去った。K子さんの「パトカーが来るまでここに居て」と言いながら背広の袖を引きもどそうとするのを振り切って。

結局、近所の人がパトカーと救急車を呼んでK子さんは病院へ運ばれた。全治二週間という診断だった。

半分が青黒く腫れ上がった証拠写真は当時のK子さんの傷の深さを示している。

その場を離れた夫はK子さんに後日、「助けてくれる人がいたので安心だった」と話した。

しかし、K子さんの夫は、事件をおこした場所から立ち去った後、K子さんの息子の車が置いてあ

る駐車場に行き、息子の車のタイヤの空気を抜いていて、警察から連絡を受けて出かけようとした息子に見つかり、口論となって取っ組み合いとなって、自分が傷を受けたと主張している。

そして、約二週間後に出頭して警察で謝ったが、度重なるK子さんへの暴力に警察では油を絞られている。

この第三者の証言も得られたので、家庭外での妻への暴力は、夫婦間での傷害事件としては異例の検察庁への書類送検となった。（事件番号―六五八八）

K子さんは、この事件の後、離婚を進めながら、警察からの指示もあって、夫を家に入れない様にした。しかし、いやがらせは尋常ではない方法で始まった。

「毎晩のように、朝の三時近くまで、私と息子の携帯電話に夫から電話が入り、玄関のチャイムも鳴りっぱなしでした」

傷のため、再び始めた仕事もひと月近く休んでいたが、

「今日から出社という日の朝。犬の散歩に出ようと早朝玄関を出たところ、玄関の横にへばりついていた夫が部屋に私を引きずり込んで、三回にわたって、私を強姦しました。診断書を取るほどのケガを負って……」

いやがらせの電話の中味も酷いものだった。

K子さんの息子には、

「今、お前の車に火をつけた」

「お前を殺してやる」

K子さんには、

「やっと浮気の相手を見つけた」

そして、K子さんの浮気相手と邪推した、K子さんの息子の車の修理を頼んでいる修理屋のオーナーの車のミラーを夜中に壊すという事態を引きおこした。

「夫から残りの生活費二万円を渡すからと私の携帯電話に入ったので、絶対に一緒に帰らない、鍵もバッグもとらないという約束で外で会ったのですが、やはりバッグをとられたので、トイレに行くからと言ってタクシーに乗って逃げ帰ってきたこともあります」

K子さんに逃げられた夫は、マンション中のインターフォンを鳴らしまわって「妻が浮気をしていますので、ご迷惑をおかけします」と言って歩いた。

この時点で、K子さんは正式に弁護士を知人から紹介してもらう。

K子さんの夫の行動は、ますます奇行としかいいようがないものへと移っていった。例えば「K子さんの浮気の相手はマンションの管理人かお隣りのご主人かマンション前のクリーニング屋のご主人だとか言いつのったり、留守中に（鍵を閉め忘れた）部屋に入り、K子さんの指輪や時計、眼鏡を持ち去って、後日、弁護士から会社へ内容証明で返却するようにと言ってもらったり、等々。

時には、夜、会社帰りに玄関の前にやって来て「開けろ！　開けろ！」と叫び、そのうちに消化器でドアー叩きはじめる。あまりの騒音にマンションの人がパトカー呼び、警察官から制止される。

街頭でのK子さんへの殴打事件がおこってから一ヵ月半後、K子さんは弁護士とともにマンションの仮差し押さえを裁判所に申し出る。そして、本格的に離婚へ向けて家庭裁判所での離婚調停も申し出た。

K子さんにとっては、以前住んでいた家も売り払い、息子を連れての新しい結婚生活の出発だったが、同居して一〇ヵ月の夫との生活は、悪夢のような月日だったといえよう。

しかし、結婚した夫からの暴力は犯罪である！　ということを証明してもらいたいという希望は、すぐにはかなえられなかった。

第一回の公判が始まったのは、事件後二年以上が過ぎていた。この間に、K子さんは離婚調停で夫と正式に別れ、刑事訴訟が遅々として進まぬ間に民事で立替金と器物損壊の損害賠償を訴え夫に支払命令が下りた。

東京地方裁判所刑事第四二六号法廷で、米澤敏雄裁判官の下、第二回公判が開かれたのは、一一月一〇日だった。

この日の証人は、K子さんだった。「宣誓、良心に従って、真実を述べ、嘘、いつわりを言いません」という宣誓の後、K子さんは裁判官からの質問に、事件当夜のことを語った。

「同居を始めてから、暴力を受け続けてきたので、夫がすごい形相で追いかけてきた時はとっさに逃げ出しました。しかし、追いつかれて、スーツの衿を右手でつかまれ、引きちぎられそうになったので、防ごうとしてしゃがんだところ、バッグを取られそうになったので、立ち上がったところをバックのつり手を持って私の左の腰と背中をバッグで打ちました。そして、私のバッグを地面に数回たたきつけました。

何をされるのかわからないと思ったので、数メートル逃げたのですが、追いつかれて、ヤメテ！と言って振り返ったところ、左目の眼球に衝撃を受けて、なにがなんだか分からなくなって、頭がもうろうとなりました。両手で防御したつもりだったのですが……。

左目のあたりと、鼻の横が痛くて、鼻血が出ました。よろけて、フェンスにつかまり、助けて！助けて！と叫んだら、フェンスを乗り超えてAさん親子が駆けつけて下さったのです」

「どうしたんですか」

「主人に殴られたのです」

裁判官はK子さんに、

「被告人は、あやまって手が目に行ったと言っていますが」と尋ねると、K子さんは「そうではないと思います。同居して以来、口論になると殴ったり、パジャマの袖で首を締めたり、口の中にナイフを突っこんだり、洋服を切りきざんで私を裸にして雪の降る日に外へ出したりの暴力をふるっていましたから」

裁判官の「なぜ、被告人はあなたに暴力をふるうのですか」という問いに、「私も、なぜ暴力をふるうのか聞いたことがあります。すると、別れたくないからと答えました」

裁判官は最後に「元夫である被告人に、どのような処罰を望みますか」とK子さんに尋ねると、K子さんは

「私は被告人の所有物のように扱われ、自由を拘束されていました。失った人間性を回復できるような処罰を望みます」と答えた。

第三回の公判は、一一月二二日。被告人への質問から始まった。

裁判官から、K子さんの元夫である被告人に対して、前回に証言された家庭内での暴力について尋ねられると、

「殴ったことはありません。蹴りを入れたこともありません」と、K子さんへの暴力を否定した。そして、口の中に料理用のナイフを突っこんだことについては「K子から殺してくれ！殺してくれ！と言われたので」と、認める発言をした。また、K子さんの洋服を破った件についても「夜間に家を出て行こうとしたので、それを止めて」と認めた。

しかし、K子さんから「手帳を燃やされたことがある」、「上着を断ちバサミで切られた。ワイシャツを引きちぎられて、切られた」などと発言し、「警察に連行されたことは？」については「ありま

せん」。K子さんの息子との暴力については「暴力をふるったことはありませんが、暴力をふるわれたことはあります」と答え、なぜ、K子さんの息子さんから暴力をふるわれたのかという質問には「わかりません」。

事故当夜についても、

「K子の様子が挙動不審だったので、心配して追いかけ、『しっかりしなさい』と言って、右手で二回くらい、たいして強くもなく、肩こう骨のあたりをたたいた。すると、K子を二回目にたたいた時に前のめりになり、私も疲れていて片手に六キロ前後のカバンを持っていたので前のめりになったので、あわてて踏んばって（身体を）もどそうとした時に、私の右手の甲が、K子の左目にあたってしまった。わざとじゃありません。K子は、鼻血が出たので、へぇーと奇声をあげたので、今度も手かげんして、右手で殴っただけです」

と話した。また、

「フェンスの向う側から、二人の男性が『どうしましたか』と声をかけてきたので、『私たち夫婦ですから』と言って、その場を立ち去りました。警察署へ行こうと思って歩いていたら、K子の息子と出会い、殴られました。そこで病院へ行って診断書を書いてもらいました」

そして、K子さんとの関係についても、

「すさんだ家庭生活でした。K子の浮気をしている確証はないが、不倫を思わせることはあった」と述べた。

その後、検察官から
「被告人は、家庭内での暴力はなかったと言っているが、マンションの管理組合から手紙が来ていることは知っていますね。何もなければ手紙が来ることはないはずですから。また、当事件についても、一回は手加減して殴っているとか、偶然にも手が当ったとか言っていますが、自分で重要でないことは話さないのですね」

と尋ねられると、

「夫婦生活がすさんでいたので、詫びることはしなくてもいいと思った」と答えた。

裁判官からも
「妻がけがをしているのに、『夫婦ですから』と言ったり、その場を立ち去ってその足で警察へ行ったのは？　あなたの心理状態を聞きたいですね」と言われると、

「婚姻関係が破たんしていたので、愛情よりも管理監督しなくては――という気持ちがありました。（K子が）心配で心配で、離婚してはかわいそうだと思ったのです」と答えている。

最後に、検察官から論告が行われた。

「この事件の事実関係については、被告人は偶然に手があたったと述べているが、数回殴打したという被害者の方の証言が確かである。被告人のあいまいな態度と反省の誠意が感じとられないところか

ら、厳重な処罰を求めるものです。

求刑、罰金三〇万円」

この論告求刑を受けるかたちで、被告人の弁護人から、

「被告人は、一回しか殴打を認めていないのに、被害者は、虚偽の事実をマスコミに巨大にPRしている。矛盾点も多く、不合理な点も多い。被告人は、二九年間も勤めていた職場を退職し、もう十分に社会的制裁を受けている。今回の事件は、衝動的なもので、計画性がないことから、情状酌量の上、寛大な判決をお願いします」と。

K子さんは、被告人の元夫の陳述に対して、二〇〇〇年（平成一二）一一月一日から施行の「犯罪被害者等の保護を図るための刑事手続に付随する措置に関する法律」に基いて、「意見陳述書」を一一月二七日に裁判所に提出した。

この法律は、第一条の（目的）(1)に書かれているように、犯罪により被害を被った被害者とその遺族が、被害の回復と保護を求めることを定めたものである。

K子さんが出した「意見陳述書」の要点は、K子さんの息子が被告人にケガを負わせた件や、K子さんが家の中に男性を招き入れた件、K子さんが暴力を日常的に被告人に暴力をふるわれていた件、等々への反論である。

被害者とその家族が被告人に対して、裁判所へ意見陳述書を提出したり、公判の傍聴や公判記録の

閲覧やコピーなどが請求できる等を定めた、この「犯罪被害者等の保護を図るための刑事手続に付随する措置に関する法律」は、いままで犯罪被害者をとかくカヤの外に置いての裁判が行われていたことを考えると、画期的な法律であると思う。

第三回目の公判は、二〇〇〇年一二月八日に開かれ、裁判官から被告人に対し、K子さんが提出した意見陳述書に対しての意見を求められたのに対し、被告人は「一言で言えば、全くのウソである」と反論した。

しかし、その後の言い渡された判決は、「罰金三〇万円」だった。

その理由として「被告人は偶然振り上げた拳が当ったもので故意に殴打したのは一回である」と述べているが「被害者が負った全治二週間のケガは、複数回の殴打によったものであるという被害者の証言などから優に認められる」としている。そして

「被告人と被害者は、平成九年の婚姻当初から、口論中に暴力ザタとなり、再三パトカーを呼ぶなど、両者の婚姻関係は破たんしていた」と認定している。

この判決は、例え夫婦間であっても「妻への暴力は犯罪である」ということを認めたという点で、多くのマスコミが取り上げた。

K子さんは「本当にほっとしました。夫婦間であっても、暴力は犯罪にあたるということが認められて」と。

この夫からの暴力も犯罪にあたるとした東京簡裁の判決は、夫からの暴力に傷つき悩んでいる女性たちに大きなエールを送った事実は大きい。

K子さんは、その後、元夫から受けた物心共の損害賠償を求める民事訴訟を地方裁判所に訴えている。なお、この「罰金三〇万円」の判決は、被告人が高等裁判所に上告することなく、確定した。

私がこの裁判を傍聴していて感じたことは、家庭内の夫婦間暴力は、第三者の証言が得られにくいことから、加害者が否定すれば暴力が認証されにくいことである。家庭内のプライバシー保護と、「法は家庭に入らず」という古くからの日本の考えが、家庭内の弱者への暴力を見えにくくしていることが大きい。このことから、被害者の訴えと医療機関などの証言があれば、配偶者などからの暴力も犯罪にあたるとする新しい法の整備が必要であると強く思った。

しかし、今回の裁判は、二年以上にわたるK子さんの検察庁への働きかけと、マスコミなどを通じての裁判への注目度を高めたK子さんの努力は本当に称讃に価いする。

K子さんに続く、夫の暴力を訴える裁判が開かれることを切に願いたい。

注

（1）「犯罪被害者等の保護を図るための刑事手続に付随する措置に関する法律」

第一条（目的）

この法律は、犯罪により害を被った者（以下「被害者」という。）及びその遺族がその被害に係る刑事事件の審理の状況及び内容について深い関心を有するとともに、これらの者の受けた身体的、財産的被害その他の被害の回復には困難を伴う場合があることにかんがみ、刑事手続に付随するものとして、被害者及びその遺族の心情を尊重し、かつその被害の回復に資するための措置を定め、もってその保護を図ることを目的とする。

第四章　ドメスティック・バイオレンス殺人

焼き殺されて——

人が犬に噛みつけば事件になり報道もされるが、犬が人に噛みついても事件にならないように、女性が親しい関係の男性（夫・恋人など）に殺されてもニュースにはならない。そして、男性が親しい関係の女性（妻・恋人など）に傷を負わされたり、殺されれば大きな事件として報道される。

第一章で述べたように「三日に一人以上」女性が殺される事件（検挙）が起き、「一日に二人以上」が傷害・暴行を受ける事件（検挙）が毎日のように起きていても、ニュースにもならなければ、社会問題として大きく取り上げられることもなかったのが、いままでの私たちの社会だった。

何より、親しい関係にある男性から女性への暴力に対して、名前さえ付けられてこなかった歴史の重みは大きい。

やっと、日本で「ドメスティック・バイオレンス」という言葉が新聞などの報道に使われ出したの

地検不起訴の焼死事件
民事で「殺人」認定
横浜地裁

神奈川県藤沢市で七年前、宝石店員の女性（当時二十五歳）が自宅アパートで焼死したのは「同居していた交際相手の男の放火による殺人」として、女性の両親がこの男性（28）を相手取り、総額約九千九百万円の損害賠償を求めた民事訴訟の判決が二十一日までに横浜地裁であった。末永進裁判長は「男性が女性の首を包丁で刺し、灯油をまいて焼死させた」として殺人事件と認定、男性に約九千七百万円の支払いを命じた。

女性が焼死した一年三か月後、同県警は殺人と現住建造物等放火容疑で男性を書類送検したが、横浜地検は嫌疑不十分で不起訴処分としていた。刑事事件として立件されなかった殺人が、民事訴訟で認められるのは極めて異例。男性側は判決を不服として東京高裁に控訴したが、両親側は近く、事件の再捜査を求める上申書を同地検に提出、横浜検察審査会への審査申し立ても検討している。

火災があったのは九三年十二月十四日午後零時半ごろ。同市亀井野のアパート二階の女性店員方から出火し、焼け跡から首に刺し傷がある女性の焼死体が発見された。室内にいて腕に軽いやけどを負った交際相手の男性は、県警の調べに対し「女性が包丁で自分の首を刺し、室内に灯油をまいて火をつけた」と供述し、火災は女性が無理心中を図ろうとしたことによるものと主張。女性の両親は、男性が不起訴処分となる前の九六年十二月に提訴した。

判決で末永裁判長は「男性の暴力に耐えかねて女性は別れを望み続け、焼死前日に（女性の）両親の立ち会いでようやく別れ話が成立した。女性が心中や自殺する動機は乏しい」と指摘。さらに実況見分調書では、女性が火に包まれて苦しんだ状況が見られないことなどから「男性が女性の首を包丁で刺して気を失わせた後に灯油をまいて放火。焼死させた」と結論付けた。

『毎日新聞』（二〇〇〇年七月二三日付）

も、二〇世紀の末、二一世紀直前のことである。

二〇〇〇年の夏である七月の末、私は新聞の社会面に注目する記事を見つけた。それは、二〇〇〇年七月二三日付の「不起訴事件で殺人認定――女性焼死の民事判決で　横浜地裁」（朝日新聞）や「地検不起訴の焼死事件　民事で『殺人』認定　横浜地裁」（毎日新聞）と見出しのついた記事だった。

そこには、神奈川県藤沢市で、一九九三年一二月に当時二五歳の女性（宝石店店員）が自宅アパートで焼死したのは「同居していた交際相手の男性の放火による殺人」であるとして、女性の両親がこの男性を相手に民事訴訟（損害賠償）を一九九四年二月に起こしていた事件に、横浜地裁で「男性が女性の首を包丁で刺し、灯油をまいて焼死させた」として、殺人事件と認定。男性に約九、七〇〇万円の損害賠償を求めていたという記事だった。

私が注目したのは、三つ。

一つは、判決で末永進裁判長の「男性の暴力に耐えかねて女性は別れを望み続け、焼死前日に女性の両親を立ち会いでようやく別れ話が成立した」と書かれていたことだった。

二人の間に、女性への暴力があったこと、そして、別れ話をした翌日、荷物を取りに部屋にもどったところ、男性に殺されたとのことである。ドメスティック・バイオレンスと呼ばれる親しい関係にある男性から女性への暴力は、女性が逃げようとする前後に殺害にまで到ることが多い。

二つ目は、女性が焼死した一年三ヵ月後の一九九五年三月に藤沢北署が男性を殺人と放火容疑で書類送検したが、一九九八年六月に横浜地裁は容疑者を嫌疑不十分で不起訴にした。その一方で、女性の両親が男性容疑者を相手に損害賠償を求める民事訴訟を一九九六年一二月に起し、二〇〇〇年七月の有罪判決となった点である。つまり、刑事訴訟としては不起訴となった事件が、民事訴訟としては有罪となったということである。

刑事事件では「疑わしきは、被告人の利益」として、一定水準以上の証拠がなければ有罪にならないことから立件が難しいとされている。

三つ目は、女性の両親が、事件の再捜査を求める上申書を横浜地検に提出して、横浜検察審査会への審査の申立てを検討していると書かれてあった点である。（二〇〇〇年九月に上申書提出。二〇〇〇年一〇月に検察審査会へ審査申立て）

「検察審査会」とは、検察審査会法にもとづく制度で、各地方裁判所及び地方裁判所支部に置かれ、第二条(1)に述べられているように、検察官の公訴をしない処分についてもその当否の審査をすることになっている。そして、この検察審査会は、民意を反映する目的上、第四条(2)に書かれているように選挙権を持つ一一人（くじで選定）の検察審査委員によって組織され、非公開で会議が開かれ、議事は、起訴を担当する議決は八人以上の多数によらなければならないと定められている。

私は、この記事を読むまで、「検察審査会」についても、検察審査会法があることさえも知らなかったので、六法全書でその内容について学んだ。

二〇〇〇年七月のこの記事を読んで、私は当時の新聞（一九九三年一二月一五日付　神奈川新聞）を探して読んだ。その記事は、神奈川新聞の湘南版の片スミに出ていた。見出しは「別れ話でもめ自宅に放火？　女性焼死、男性軽傷」と小さく書かれ、内容は、焼死した女性が台所にあった灯油をアパートの六畳間にまいてライターで火をつけ、さらに包丁で右手を切って自殺を図り、男性も一緒に死のうと思い包丁で自分の手首を切ったが火の勢いが強く、屋外に出た。男性は「別れ話でもめた」と話している、と。

そして、翌二〇〇一年一月一七日。男性容疑者が第一審の横浜地裁での判決を不服として控訴していた第二審の判決が東京高等裁判所で開かれ、私も傍聴に出かけた。法廷は取材のマスコミであふれていた。そして、高裁も、一審の地裁判決を支持して、男性の控訴を棄却する判決を下した。(二〇〇一年三月一九日現在、男性容疑者は最高裁へ上告中)

この後、事件は、思わぬ急テンポで進んでいる。

二〇〇一年二月二六日。横浜地方検察庁は不起訴にしたこの事件の容疑者(二八歳)を「逮捕」した。事件から七年二ヵ月である。

そして、三月一八日。横浜地検は、逮捕した男性容疑者を「殺人と現住建造物等放火罪」で横浜地裁に「起訴」した。

起訴状によると、男性被告人は「殺意を持って女性(飯島美穂さん)の首を包丁で突き刺し、さらに室内に灯油をまいてライターで火を付けて殺した。女性の死因は「首の血管損傷と一酸化炭素の吸引などによる急性心不全」と認定した。

新聞報道によると、起訴された男性被告人は「全面否定」をしているということである。

私も、東京高裁での判決以後、女性のご両親に取材を申し入れているが、民事訴訟も最高裁に上告中ということと、またマスコミ等の取材で落着かないからということで、直接に会って話はうかがっていないが、横浜地裁での第一回公判は七月一二日午後に予定されているので、傍聴に出かけたいと思っている。

しかし、この事件は、まぎれもないドメスティック・バイオレンスと呼ばれるものではないだろうか。

二〇〇一年二月二七日付の読売新聞（横浜版）紙上でも、法廷で男性容疑者が「二、三回、平手で殴ったことはあったが、それ以上暴力を振るったことはない」と述べているが、女性の職場の友人は「（男性容疑者に）一緒に死のうと言われ困っている」と相談され、手の甲や腕などにタバコの火を押し付けられた跡を見せられたと証言している、と書かれている。

やっと女性への暴力も

平成一二年版の『警察白書』でも、「夫から妻への暴力」の項でその現状については「近年、『ドメスティック・バイオレンス』に対する社会的な関心が高まっている」として、その取組みについては「夫から妻への暴力は、家庭内の事案であることをもって犯罪とならないものではなく、刑事事件に該当する場合は、夫婦間という関係に配慮しつつ、事件化を含めて厳正かつ適切な対応に努めている」としている。そして、「事情聴取に当たっては、被害者を夫から引き離して別室で行うなどし、被害者が相談・申告しやすい環境の整備を図っている」と述べている。

新聞紙上などにも、少しずつだが、ドメスティック・バイオレンスと呼ばれている女性への暴力が取り上げられ始めた。

一九九九年四月二二日に大阪高裁でタレントの堀ちえみさんが、医師の夫から暴力をふるわれ続けたとして訴えた控訴審で、夫側が堀さんに解決金八〇〇万円を支払ったうえ、離婚を了承する内容の和解が成立したニュースは、マスコミでも大きく取り上げられ、多くの人たちに夫からの暴力は許されるものではなく、離婚の原因にもなり、Ｎｏ！と叫んでいいのだと勇気づけた。

ちなみに、一九九九年度の離婚の原因の第三位は「夫からの暴力」である。

二〇〇〇年のドメスティック・バイオレンスの事件で全新聞紙上に報道されたのは、「月刊女性情報」（二〇〇一年1・2月号　教育史料出版会）の特別企画ドメスティック・バイオレンスによると、事件の数は「八七件」。このうち「三件」が、日頃の夫の暴力に耐えかねて妻が夫を殺害した事件である。

のこり「八四件」のうち、「女性を殺害」したのは「一九件」である。（二〇〇〇年一月〜一二月までの夫・恋人などの男性が女性を殺害したとして検挙された人数は一三四件である）
○一月一日（富山）
自営業の六六歳の夫が、六三歳の妻を自宅で酒を飲んでいた際、口論の末、胸などを殴ったり、蹴ったりして死亡させる。
○一月三〇日（埼玉）
会社員の五一歳の夫が、口論の上で殴る蹴るなどの暴行をし、裸にして浴槽内で水をかけるなどして五六歳の妻を死なせる。
○二月一五日（東京）
無職の三二歳の夫が、ささいなケンカからスチール製イスなどで二六歳の妻の頭などを殴り、全身打撲で死亡させる。
○二月二八日（広島）
無職の四六歳の夫が、駐車場で口論になった三九歳の妻の頭や顔を殴ってケガを負わせ、妻は入院した病院で死亡。
○四月一〇日（東京）
無職の三三歳になる元夫が、足立区で見つかった飲食店従業員の女性の絞殺体事件で、殺人と死体遺棄の疑いで逮捕される。
○四月一〇日（東京）
元夫の四二歳の無職の男性が、四二歳の元妻に復縁を迫り、断られたことから絞殺。
○五月九日（熊本）

六五歳の無職の夫が、自宅などで六二歳の妻に殴るなどの暴行を加え殺害。
○八月二〇日（東京）
会社員の三六歳の男性が、同居している三二歳のスナック店員の女性の顔や腹などを蹴り、死亡させる。
○八月二九日（兵庫）
無職の二五歳の夫が、ビジネスホテルで二〇歳の妻を殴る蹴るなどして死亡させる。
○八月三〇日（兵庫）
無職の六四歳の夫が、自宅で六一歳になる妻を殴って死亡させる。
○九月一一日（栃木）
マージャン店経営の三七歳の男性が、交際相手の宝石店定員の二八歳の女性を別の男性と交際していたことに腹を立て、殴る、蹴るの暴行を加え死亡させる。
○九月二五日（福岡）
二二歳の女性への暴行罪で起訴されていた三六歳の無職の男性が死体遺棄事件で追起訴。
○一〇月一二日（東京）
葛飾区職員の五八歳の夫が、五三歳の妻を刺殺。
○一〇月一七日（東京）

五〇歳の無職の内縁の夫が、四八歳の内縁の妻をアパート前で殴るなどして死亡させる。
○一一月二日（京都）
二五歳の無職の男性が、交際中の専門学校生の二一歳の女性をホテルの客室で殺す。
○一一月五日（千葉）
三三歳の会社員の男性が、同居中の二三歳の飲食店従業員の女性から別れ話を持ち出されたことに腹を立て、路上で殴る、蹴るの暴行を加え、死亡させる。
○一二月九日（青森）
四五歳になる建築業の夫が、三九歳の妻を口論の末にナイフで刺し殺す。
○一二月一七日（香川）
五〇歳になる会社員の前夫が、四三歳になる会社員の前妻を女性の自宅で顔を殴るなどして殺す。

以上、見てくると、妻や恋人などの女性への殺害事件は、全国どこでも、年齢も二〇歳代から六〇歳代まで、職業もあらゆる業種にわたっている。殺した原因は、加害者の言い分しか判明しないが、口論で殺人にまで至っているのは、ドメスティック・バイオレンスの果ての結果と言っていいだろう。

「殺害」以外の「傷害」「暴行」事件六五件を見ても、同様である。

二一世紀になった二〇〇一年も、ドメスティック・バイオレンスの事件報道は後をたたない。二〇〇一年一月だけで、報道された事件は一六件。そのうち、女性「殺害」事件は「六件」。殺害方法を

みると、
「三七歳の夫が妻の首を絞めて殺す」（福島）

病気の妻に熱湯…死亡

三島、容疑の61歳逮捕

▼▼『言うこと聞かぬ』顔、腕も殴る

静岡県警三島署は九日、病気になった妻が家事をできないとして腹を立て、熱湯をかけたとして傷害容疑で同県三島市御園四四二ノ一、無職石川秋太郎容疑者(六一)を逮捕した。妻の治子さん(五七)は顔や腕に殴られたようなあとも数カ所あり同日未明、三島市内の病院で死亡した。

石川容疑者は「妻が言うことを聞かなかった」と治子さんを殴ったことを認めている。

治子さんは糖尿病を患っており、外見からは致命傷となるような傷が見あたらないことから、同署は司法解剖をして、治子さんの死と石川容疑者の暴力との間に因果関係がなかったか詳しく調べる。

調べでは、石川容疑者は八日午後三時ごろ、自宅で治子さんの足などにやかんの熱湯をかけ、けがを負わせた疑い。

治子さんは糖尿病を患い昨年八月ごろ入院。十月には退院したが十一月になって「夫が一日中酒を飲んで暴力を振るう」と三島市や三島署に相談。

十二月十二日には治子さんの要請を受け同署員二人が自宅に行き、石川容疑者に暴力を振るわないよう注意していた。

九日午前二時四十五分ごろ、石川容疑者が三島市消防本部に「妻が死にそうだ」と届け出。治子さんの顔などに殴られたあとがあったことから、消防署員が三島署に通報した。

『東京新聞』（二〇〇一年一月一〇日付）

「五八歳の夫が妻の首を電気コードで絞め殺す」（神奈川）
「六四歳の夫が妻の腹や腰などを包丁で刺し殺す」（京都）
「二九歳の入院中の夫が病院を抜け出して、就寝中の妻を包丁で刺し殺す」（東京）
「六一歳の夫が、病気になった妻が家事をできないとして、熱湯をかけて死亡させる」（静岡）
「傷害・暴行」方法も多岐にわたっている。
「四七歳の外壁業の男性が同せい相手の女性に灯油をかけて火をつけて、やけどを負わせる」（栃木）
「五八歳の無職の男性が同居中の女性に殴る、蹴るの暴行を加えた上、頭に切りつけて胸の骨を折るなどの約一ヵ月のけがを負わせる」（長崎）
「四六歳の自称タクシー運転手の元夫が、フィリピン人の元妻の女性を、パチンコ店内で包丁で刺す」（長崎）
「五四歳の農林業の男性が、以前交際していた女性に復縁を迫り断られたため、持っていた植木ばさみで室内にあった女性の洋服や家電製品を切ったり壊したりした」（静岡）
「五〇歳の電気工事業の夫が、別居中の妻の背中を鉄棒で殴る」（埼玉）
「二九歳の無職の元夫が、離婚した元妻の右ほおをガラスの破片で切りつける」（神奈川）
「五〇歳の無職の夫が、妻の左背中を出刃包丁で一回刺す」（北海道）

「五五歳のトラック運転手の夫が、別居中の妻の左胸を文化包丁で一回刺す」（北海道）

このうち、私は「六一歳の夫が、病気になった妻が家事をできないとして、熱湯をかけて死亡させる」という静岡県三島市でおこった事件（前頁参照）の裁判の傍聴に出かけて行った。

第一回公判は、四月十一日の午前一一時から一時間。静岡地方裁判所沼津支部（沼津市）刑事法廷で開かれた。

法廷前の掲示事件名は「傷害事件」。えっ、傷害致死事件じゃないのだと思いながら傍聴席に着く。傍聴人は、地元の報道関係者らしき人たちと中年過ぎの男女で十数名。

からりと晴れた初夏の青空の下、中庭の若葉が法廷の窓から見える。

裁判長は、増山弘判事。

被告人は、黄土色の上下のジャージィ姿で刑務官に捕手をかけられて被告席へ、傍聴席から見る被告人の中肉中背の後ろ姿は、丸刈りの頭や首の皮膚の色も年齢（六一歳）に比らべ若々しく、背骨もまっすぐしていて骨組みもしっかりしている。

被告人の弁護士も六十歳代と見受けられる男性で、検察官も三十歳代の男性。書記官も入れると、傍聴席以外はオール男性である。

検察官が傷害事件（刑法二〇四条）として起訴状を読み上げる。

事件は、二〇〇一年一月八日午後三時頃、被告人自宅の居間でおこった。被害者（妻、五七歳）が持病の糖尿病と、その前年六月に風呂を沸かしている時に転んでボイラーに背中をぶつけヤケドを負って入院し、一〇月に退院以後、家事をするのも不自由となり、トイレに行く前に粗相をして下着を汚すことも度重なるようになったのに腹を立て、日常的に妻に暴力をふるうようになった。事件当日も、被告人である夫の証言によると「テレビを見ていて家事をしない」妻に、「オイ、オイ、何やっているんだ。何もやっていないくせに！」と言いながら、ストーブの上で沸騰しているヤカンの湯を妻の足首にかけた。

妻は「アツイ！アツイ！アツイ！」と叫んだが、そのうち声がしなくなったので、朝から酒を飲んでいた夫は妻が横たわっているホット・カーペットの上で寝こんでしまった。

翌朝、目を覚ました夫は妻の様子がおかしいので「オイ、オイ、と言いながらホッペタをたいた」が返事がないので、一一九番をした。

駆け付けた救急隊員は、右足首の熱湯によるヤケド（第二度）と、十分な食事を与えないなどのネグレクト（世話の放棄）による身体の衰弱が原因の「肺炎」による死亡を確認した。

妻は、ホット・カーペットの上で仰向けになって死んでいたのである。身体には右足首のヤケド以外に殴られた跡と思われるアザも残っていた。

夫は、建具屋に勤めていたが、事件の一年くらい前からは仕事をやめ、朝から酒を飲むといった生活をしていた。妻は、若い頃はサービス業などに就いていたが、一九八二年頃に結婚後は、スーパーでパートで働いたり、清掃などの仕事に出ていた。

妻がヤケドをして身体が不自由になり、家事が十分にできなくなるまでは「多少の夫婦げんかはあった」が、夫から妻への暴力が二日に一回くらいになったのはヤケドで入院し帰宅して以後で「口答えをするようになったから」であると夫は答えている。

妻が口答えするようになったからと言って、「二日に一回も夫が暴力をふるっていいのか」と、つい私は心の中で反論してしまった。

妻は、夫からの暴力について、民生委員や警察などに相談を持ちかけている。

民生委員は、妻から相談を持ちかけられて「被害者をかくまってくれる場所を探したがなかった」ので、警察へ行くように答えている。（なぜ、民生委員は婦人相談所（各県に一ヵ所設置）に一時保護所があることを教えなかったのだろう。）

警察は、すぐに二人の警察官を被害者の自宅へ出向かせて、夫に暴力をふるわないようにと注意をしたが、「スイマセン！スイマセン！」と夫は言うだけ。「でも、妻が口答えすると、腹が立って殴ってしまった」と夫は答えている。

近所の人も、夫が玄関先で妻をサッカーボールを蹴るように殴っているのを、二、三回目にしている。そして、昨年の一二月くらいから夫の怒鳴り声と妻の声がした後、最後には夫の声で「何もしていないじゃないか」という声を聞いている。妻からは「私の声が聞こえなくなったら、警察に連絡してね」と頼まれていた。

妻は、近くに住む自分の姉にも夫から蹴っ飛ばされたり、頭をぶたれたりの暴力を受けていることを告げている。そこで姉は「離婚したら」と助言したところ、「情が半分のこっているのよ」と。仕方ないので、姉は義弟である夫に「暴力をふるわないように」と注意したところ「スイマセン！スイマセン！」と答えている。

弁護人からは「被告人は、家の外では暴力をふるわないのに、女房に口答えされるとつい手が出てしまう。でも、暴力をふるったことは悪いと思っているので――」という弁護。

これらの証言や弁護を聞きながら、私はドメスティック・バイオレンスの特徴がここにも現れていると思った

一つには、家庭内男性支配と性別役割分業意識である。妻が夫に口答えせず、黙って家事に従事している間は、夫は妻を空気のようにその存在を許すことができるが、妻が病気になったりして妻の役割を十分にこなすことができなくなると、妻としての価値が低下するために夫は暴力をふるうことでその埋め合わせをしようとする。

第二に、夫は暴力をふるうことで妻の家事能力や健康を取りもどすことはできないのだから、夫が妻の欠けた部分を補えばいいのだが、それをするほどの妻への人間としてのいたわりや愛情を示す能力が欠けている。

その上に「妻が口答えするので」という理由で、身体的に圧倒的に弱い女性に暴力をふるいながら、妻に精神的に依存しようとする。それは、隣人が「妻の声と夫の怒鳴り声や物音（暴力）がして、最後に夫の『何ニモシテナイジャナイカ』という声が聞こえた」という証言によく現れている。

第三に、妻は暴力をふるわれながらも、暴力の後の許しを求める夫の甘い言葉に「つい、情を感じて……」、暴力のオリから逃れることができない。生命の危険を感じても。

午前一一時から始まった公判は、被告人への検察官、裁判官、弁護人からの審問や被告人の甥《おい》の参考人証言も順調に終わり、検察側からの論告求刑にまで進んだ。

検察官は「被告人の行為は、警察や肉親などから注意をされていたにもかかわらず、全身が衰弱して立って歩けぬほどの妻に対して虐待を繰り返した上に熱湯をかけて傷害を負わせたことは、悪質であり短らく的で残虐である。また、妻が『アツイ！アツイ！』と言ったのにもかかわらず、自分も寝てしまい、犯行後の対応も悪く、病院へも連れて行っていない。

そこで、厳罰として〝懲役一年六ヵ月〟を求刑する」と。

妻を殺しても量計は軽いとは知っていたが、目の前で「懲役一年六カ月」の求刑は、私にとって大きなショックだった。

この求刑は、息子などによる老親の介護殺人や保護者による子供虐待殺人などよりも、妻への虐待殺人に対する罪は軽いということが言える。数的には、一番多い被害者数は妻なのに。

帰りの電車の中で、多分、「求刑　懲役一年六カ月」は判決でもっと短くなるかもしれない。ひょっとすると、執行猶予が付くかもしれないと。

判決があったのは、五月九日午前一〇時から。その時刻にどうしても裁判所へ行くことができず、公判が終了したであろう正午前に静岡地裁沼津支部の総務課へ電話をして判決の内容を聞いた。すると、「懲役二年（未決勾留二〇日を含む）です」とのことだった。

やはり、「配偶者からの暴力の防止及び被害者の保護に関する法律」が四月六日に国会で成立した影響もあったのだろうか。刑事事件で、求刑よりも刑が重くなるということはきわめて少ないと聞いていたので、妻への暴力に対する社会的な注目度も判決に影響を与えたと考えたい。

夫殺しの罪は重い！

私が夫から妻への暴力について話すと、多くの男性が「妻も夫を殺しているんじゃないの？」という言葉が返ってくる。そこで、私は念のため警察庁広報室にその数を問い合わせてみた。すると「数が少ないので、統計はとっていません」ということだった。

しかたがないので、新聞紙上で見る妻の夫への暴力事件を見てみると、二〇〇〇年一年間では、「三件」である。

○七月二五日（北海道）
「酒を飲むと暴力をふるう夫に不満がたまっていた五九歳の妻が、包丁で夫の背後から突き刺す」
○八月三日（愛知）
「普段から酒ぐせが悪く暴力をふるっていた店員の二八歳の夫を、二九歳の妻が包丁で刺し殺す」
○一一月三〇日（宮城）
「食堂経営の七五歳の夫の暴力や酒ぐせの悪さに耐えられなくなった六九歳の妻が、首を絞めて殺す」

二〇〇一年の一月では、
○一月二八日（東京）
「四六歳の夫が、四四歳の露店商手伝いの妻に殴るなどし、それを止めに入った次男にも暴力をふるったことなどから、妻が包丁を持ち出し刺して殺す」

夫が妻を殺害したり、暴行・傷害を与えてもなかなか新聞記事にはならないが、妻が夫にケガを負わせたり、殺害したりすると、必ずと言っていいほどに事件は報道されていることが多いことを考えると、いかに妻が夫を殺す事件は夫が妻を殺す事件に比べて少ないかがわかる。そして、ドメスティック・バイオレンス関連の裁判報道も同じである。

二〇〇〇年に報道されたＤＶの裁判事例は、「二八」件。このうち、夫などの男性を女性が殺害したなどとする事件は、「七件」である。

この七件に共通しているのは「日ごろの夫の暴力」に「耐えかねていた」妻が、暴力をふるう夫を殺すか、または夫によって殺されるかの瀬戸際まで妻が追いつめられた果ての妻の夫「殺害」「殺人未遂」事件である。

しかし、暴力や酒ぐせの悪さに耐えかねて夫を殺害した事件も、
○「長年の暴言などに耐えねかたとはいえ、短絡的で冷酷な犯行」であるとして「懲役四年」の判決（横浜地裁）が六三歳のクリーニング会社役員の妻に。（傍点筆者）（三月二八日）
○「覚せい剤を使っていた夫に振り回される生活に耐えかねたとはいえ、思慮の足りない短絡的な犯行」として「懲役四年」の判決（横浜地裁）を、四一歳の自営業の妻に。（傍点筆者）（三月二九日）
しかし、この横浜地裁での判決に対して、
○「長年、夫の自己本位な性格に振り回され、追い詰められた状況だった」として、日用雑貨販売会社を共同経営していた五五歳の夫を会社役員の五二歳の妻が殺害したことについて「懲役六年」の判決を熊本地裁は出している。（一一月二〇日）
○「犯行は偶発的で、暴力をふるうなど被害者の夫にも落ち度があった」として、自宅で夫を刺し殺した四三歳の妻に、情状酌量の理由を述べて「懲役六年」の判決を水戸地裁が出している。（九月二一日）

そのほか、「執行猶予」付きの判決も出ている。

○「暴行や脅迫などの仕打ちを続けていた被害者にも重大な落ち度がある」として、三年前から同居していた内縁の夫を刺身包丁で刺して、自分も自殺しようとした二六歳の無職の女性に「懲役三年。執行猶予四年」の判決を神戸地裁が出している。（七月一一日）

○「被告は長年被害者の暴力などに耐えており、被害者に非難されるべき部分も多い」として、七八歳の無職の妻が自宅で夫に大量の睡眠薬を飲ませて殺害した事件に「懲役三年執行猶予四年」の判決を仙台地裁が出している（七月二九日）

また、母親に暴力をふるう父親を車ではねて死なせた娘に、

○「父親にも相当の落ち度がある」と、酒に酔って母親にからむ別居中の六四歳の父親を乗用車ではねて死なせた三一歳の会社員の娘に「懲役三年、執行猶予四年」の判決を長野地裁松本支部が出している。

この新聞紙上で見る限り、妻の夫「殺害」事件、娘の父親「殺害」の事件の判決に〝執行猶予〟が付いている二件は、七件中の約三分の一の割合を占めているが、これは非常にめずらしいケースなのではないかと思う。なぜなら、妻の夫「殺害」事件は、「長年の夫の暴力」を認めながらも、被告人である妻の犯行は「短絡的」で「動機は自己中心的」で「冷酷な犯行」「思慮の足りない犯行」として「一時の感情により人命を奪った責任は重い」として、横浜地裁の二例のように「実刑判決」が下

されるのがいままでの多くのケースだからである。そして、夫の妻「殺害」事件は、〝執行猶予〟が付く判決が出されることが多かったのである。

だから、次のような新聞の見出しも付くのである。

○「新婚妻暴力　元夫に懲役一年八月『執行猶予にあたらず』」（四月一二日付熊本日日新聞）

新婚の妻に暴力をふるってケガを負わせ、ドメスティック・バイオレンスとして傷害罪に問われていた焼き鳥店経営の三二歳の男性に下された熊本地裁の判決である。

また、大阪高裁で出された夫から妻への暴力が原因とする離婚や慰謝料などを求めた控訴審で、夫の暴力による被害の賠償額を「他人同様」として一審の二・三倍の額に増額した判決（二〇〇〇年三月八日）などが新聞記事として大きく取り上げられる。

二〇〇〇年の新聞記事に見る夫の妻「殺害」、「傷害」事件の判決はすべて「実刑」判決である。妻を「殺害」「傷害」しても、いままでは〝執行猶予〟付きが多かったからこそと考えるのは、私の片寄った見方だろうか。

なぜなら、妻の夫「殺害」事件で刑が免除されたケースは過去にきわめて少ないため、「判例時報」（一五三九号）に載った記事を目にしているからである。

この判例は、一九九五年に名古屋地裁で内縁の夫を殺害した妻（被告人）に弁護人からの正当防衛の主張は排斥したものの過剰防衛の成立を認めた上で刑を免除した判決である。事件の概要は

「昼はパートで働き、夜は居酒屋でアルバイトをしていた時に知り合ったA（内縁の夫）と同居後（一九八七年）間もなく、Aは酒を飲んでささいなことから妻（被告人）に暴力をふるうようになり、一九九二年には別れ話を持ち出したが取り合ってもらえず、その上に暴力の回数も増え、首を手で絞めたりナイフを首に当てたりして、病院で治療を受けたことも数回あった。しかし、妻は自分の親族には危害を加えられることを恐れて一切相談しなかった。

Aは、一九九四年夏頃から被害妄想気味となり、一〇月上旬には妻を山中に連れ出して、その身体を殴打、足蹴にした上にゴルフクラブ（パター）で背部を殴打した。そのために妻は右背部挫傷、右肋骨骨折の疑いで通院加療を余儀なくされた。その後日、Aは妻の顔面等を手拳で殴打する暴力を加えたため、警察に保護を求め、婦人相談所に身を寄せた。その間、妻はAの兄を交えて話し合い、Aから二度と暴力はふるわないからと懇願され、Aのもとへ戻った。

しかし、一ヵ月も経つと、Aは勤務していた土木会社を辞め、失業手当を受けて生活するようになった。そして、酔っぱらったAは妻の男関係を邪推し、断続的に執拗で強度な暴行を加えた。とりわけ、長袖シャツで妻の首を絞めて失神、失禁させた上、ゴルフクラブで後頭部を殴打し、頭蓋骨線状骨折、肋骨骨折等、安静加療約一ヵ月を要する傷害を負わせた。

妻は、度重なる夫の暴力には我慢できず、このままでは殺されるかもしれないと考え、自分の生命を防衛する目的と同時に激昂のあまり、Aを殺害することを決意して『刺すなら、刺せ』と言って布団の上に横になり目を閉じたAの首の頸動脈に狙いを定め、長さ一二・八センチのペティナイフでAの首を突き刺し、頸動脈切断によりAを失血死させ殺害した」

この夫「殺害」事件に油田弘佑裁判長は「刑を免除した理由」として、

「今回の防衛行為（本件犯行）が失敗した場合には、A（内縁の夫）からより一層生命侵害の危険性が高い暴行が加えられるおそれがあったことなどからすると、これまで親族のためにもAとの円満な別れを願って約束を交わし、数々の暴力にも耐えてきた被告人が、今回堰が切れたかのようにAを殺害してでも生命侵害の危機から脱出しようと思い詰めるに至ったことはよくよくのことと理解され、同情に値するものであり、いよいよAの頸部を突き刺すに際し、それまでの度重なる約束違反や長期にわたる暴力を思い、鬱積した憎悪や憤激の感情があったとしても、被告人は強く非難することはできない」

としている。

この判決文を読んだ時、ドメスティック・バイオレンスと呼ばれる女性への暴力のあまりの凄さと、この被告人の女性が受けたすさまじい暴力が存在しないと刑も免除されない、この事実に私は衝撃を受けた。

しかし、妻への暴力も〝他人同様〟という判決が二〇世紀末にやっとあらわれるようになり、わずかだが、女性への暴力は〝女性への人権侵害〟であるという風が吹き始めたことはうれしいことである。

注

(1)「検察審査会法」

第一章第二条〔所掌事項〕

①検察審査会は、左の事項を掌る。

一、検察官の公訴を提起しない処分の当否の審査に関する事項

二、検察事務の改善に関する建議又は勧告に関する事項

②検察審査会は、告訴若しくは告発をした者、請求を待って受理すべき事件についての請求をした者又は犯罪により害を被った者の申立があるときは、前項第一号の審査を行わなければならない。

③検察審査会は、その過半数による議決があるときは、自ら知り得た資料に基き職権で第一項第一号の審査を行うことができる。

(2)「検察審査会法」

第一章第四条〔組織〕

検察審査会は、当該検察審議会の管轄区域内の衆議院議員の選挙権を有する者の中からくじで選定した一一人の検察審査員を以ってこれを組織する。

第五章　ドメスティック・バイオレンス神話

「殴られるのは、女性が悪いのか」

私も、このドメスティック・バイオレンス（ＤＶ）と呼ばれる親密な関係にある男性から女性への暴力について、殴る男性も悪いけれど、殴られる女性にも問題があるのではないか、と思っていた。しかし、第一章で述べたように、ＤＶの暴力は、他の暴力とはちがう特徴を持つことを知って、私は考えを変えた。

まだまだ、社会一般には、「ドメスティック・バイオレンスって、何?」、「女性が強くなったから、つい口下手な男性が手を出すのじゃないの?」という男性の声や「殴られる女性が悪いのよ」という女性の声も聞かれる。

私は、この取材を本格的に始めて約一年間、周囲の私の友人たちに意見を聞いたところ、こんな声が返ってきたときは驚いた。

「私も夫から暴力を受けてきたのよ。でも、私も悪いところがあるのよね」

えっ！　と驚いて、どうして?と聞くと、

「夫は一日中、外で緊張して働いて帰って来るわけでしょう。そこで、私が従順に夫の言うことを聞いていればいいのだけれど、つい私が生意気にいろいろ女性の自立や社会問題について話したりするものだから、夫が殴ったりするのよ、ね。」と、答える。

私の友人たちの多くが、女性運動や市民運動にかかわってきた人であるだけに、この答えは、私を驚かせた。それよりも、彼女たちに暴力をふるう夫たちは、決して非社会的な人ではなく、一流大学と言われる大学を出て民間企業の役員であったり、なかには教育者としてもその地域では有名な人であったり、人権運動家であったりするのだから、彼女たちの返答を聞いたときは、正直、面くらった。

娘たちを通じて知り合ったお母さんたちの中にも、

「あら、知らなかったの？　うちの亭主、すごい暴力亭主だったのよ。ちょっと気に入らないことがあると、すぐ私を殴ったり蹴ったりして、一週間ぐらい家の外に出られないくらい顔が膨れちゃって。気げんが悪いと給料日に自分で使い込んじゃって、生活費を渡してくれないときもあるので、ともかく殴られても何をされても、給料日前は『お父さんを怒らせないように』って、子どもにもよく言い聞かせていたのよ。

だから、五十歳代で亭主がガンにかかって入院した時は、ああ、よかった！　って家中で喜んじゃって、亡くなったときは、亭主の実家の人たちには悪いけれど、私たち家族は安心して眠れるようになったので、うれしかったわけ」

でも、夫が暴力をふるう、ふるわれたと話す彼女たちは一様に、

「暴力をふるうと言っても、いつもじゃないのよ。暴力をふるった後は、とても優しくなるの。前夜に殴ったりけったりしていた夫が、次の朝、ベッドにコーヒーを持って来てくれて『昨夜はごめんね』と言って、『君の好きな物を買っていいよ』なんて謝るわけ」

夫が暴力をふるいだすといつでも外へ逃げ出せるように窓に錠をかけないでいるのと話す、ある友人からは、

「殴り出すときって、理由があるようで無いのよ。でも、暴力をふるった直後は、優しい優しい夫になるわけ。『君が好きなことをしていいよ』って言うので、私はこの時とばかりに外国へ出かけて行くわけ。夫が妻を殴ったりするのは、昔から日本にあった風習よね。ビートたけしだって、自分の両親のことをそう書いているじゃないの」と言われてしまった。

そう言えば、ビートたけし著の詩集『僕は馬鹿になった』（祥伝社）の中に「父」という題の詩があり、「また、とうちゃんが母を叩いた」という書き出しの一篇がある。

それよりも、その彼女から明るく、

「夫の父親も母親に暴力をふるっていたからか、夫の兄弟四人共のお嫁さんの前歯がないの。まだ私

だけは前歯もあるし、大丈夫！」

と言われた時は、正直、ぶっ飛ぶという言葉がふさわしいほど、私は口をあんぐり空けてしまった。

彼女の夫とは一、二度顔を合わせたことがあるが、現在はある有名大学の教授で、かつてはその地域では名の知れた教育家で、優しそうな人である。そして、夫の父親は地域の名士の一人で、家庭裁判所の調停委員だったこともある温厚そうな男性である。

同じように女性運動や市民運動にかかわってきた女性の友人の中で、夫が暴力をふるうケースはごく少数である。なかには、

「えっ、それって、女性の人権侵害よ。信じられない。私なんか、夫にも父親にも暴力をふるわれたことは一度もないわよ」

と話す友人たちも多数いる。

私も、父親からも夫からも暴力を受けた体験や、周囲にも妻や娘たちに暴力をふるうケースを見ないで育ってきたので、このドメスティック・バイオレンスの本当の姿を知るまでは理解できなかったくらいだった。

私は夫から暴力を受けてきたという友人たちに、何が原因で暴力が始まるのか、しつっこいくらいに聞いてみた。すると、

「お酒を飲む度に暴力が始まるわけではないのね。ただいま！　って明るい声で帰って来たのに、食

事中にとつ然、この味つけが辛過ぎる！　なんて言い出し、殴る蹴るの暴力が始まるの。最初は、びっくりしてどうして良いかわからなくて、実家の母親にも相談したんだけれど、『それは、女のあんたの態度が悪いのよ。もっと旦那さんを立てて、つくさなきゃ』とお説教されたり、友だちにも相談したら『料理教室にでも通ったら』とアドバイスされたりして。でも、周期があるのよね。暴力をふるう周期が」

「娘の頃、ダンス教室で知り合って望まれて結婚したのに、夫は突然に私を殴ったり、蹴ったりして、そりゃすごかったのよ。それで、実家へ帰って、そのことを言ったら、母や祖母から『男が暴力をふるうのは、あたりまえのことで、それを上手にセーブするのが、妻の役目』と言われて。私は納得いかなかったのだけれど、妊娠していることがわかって泣き泣き夫の許へもどったの。

夫は機嫌がいい時は、そりゃ優しいのよ。でも、セックスは無理矢理って感じだったわね。だから、私、セックス嫌いになっちゃった。暴力も若いときは体力があるから、一度やられると、顔は青黒く膨れあがって買物にも行けなくて。しかたがなく、大きなマスクをかけて買物に出かけたわね。いつも、暴力をふるうわけじゃないのよ。ともかく、イライラがつのると私に暴力をふるうみたいね。いまは、娘たちも結婚して独立したので、夫には実家の両親の介護をしなくては、と言って半別居の生活ね」

私は、彼女たちの話を聞くまでは、社会的にも恵まれた家庭があってこその、女性の社会的活動と思っていただけに、家庭内の女性への暴力はあるゆる場所に存在していることを知った。彼女たちの話に出てくる「暴力の周期」。これこそが、ドメスティック・バイオレンスの特徴である。

一九七〇年代に夫から殴られる妻（バタード・ウーマン）を保護する女性運動から端を発したアメリカのドメスティック・バイオレンスについての研究の歴史は、私たちに多くのことを教えてくれる。その一つが、「パワーとコントロール」（一二ページ参照）である。つまり、「女性への暴力の背景には、一方が他方を『パワー（腕力や権力）』で『コントロール（支配）しようとする構図がある」というのがドメスティック・バイオレンスの特徴なのである。

有史以来の男性優位社会でつちかわれてきた「男が女を支配する」という構図は、この支配を揺がせたり、不安にさせたりすると、「暴力」という名のパワーで、被支配者をコントロールしようとする。これが、ドメスティック・バイオレンスである。

この関係は、「男対女」だけではなく、同性愛者のカップルでも同じようにあらわれる。アメリカでは、ホモやレズのカップルでも同じようにドメスティック・バイオレンスが存在することが明らかにされている。

そして、このパワーとコントロールの構図は、「ドメスティック・バイオレンス・サイクル」と呼ばれる、サイクルを持つことで巧妙な支配構造をつくりあげていく。つまり第一章（一六ページ）でくわしく述べた「暴力爆発期—ハネムーン期—緊張蓄積期（イライラ期）」である。

そして、このサイクルを貫徹させるために身体的暴力だけではなく、あるゆる暴力が総動員される。「おまえはバカだ!」「俺についてくればいい!」などと、支配される女性の自信を失わせていく心理的暴力。

「女は家事、育児が役割だ」「男は稼いで、女房、子どもを食わせていくのが男の役割だ」「お前は家の中のことをきっちりやれ!」などと女性に思わせて、社会的に遮断させ、経済的にも自立させない、社会的暴力。

「イヤだイヤだもいいのうち」と男が思い込んで強制的なセックスや避妊などに協力しない、性的暴力。

つまり、支配する側がアメ(ハネムーン期)とムチ(暴力爆発期)を持って、支配される側を徐々に暴力の檻《おり》の中に囲いこんでいくのが、ドメスティック・バイオレンスなのである。

第二章の「夫からのがれて」の二人の女性たちの例は、代表的なケースをえがいたつもりだが、「気がついてみたら、暴力の檻《おり》の中に閉じこめられていたのですね。」

と、語った言葉は、その象徴といっていいだろう。

だから、どんなに殴られる妻たちが夫に尽しておいしい料理をつくろうと、夫を怒らせないように従順にしていようと、妻を支配しようとする夫は、あるゆる暴力を使って妻を囲い込む。

そして、この「男と女」の支配、被支配の構造は、社会の風習の中に広く浸透して、「妻を殴れないような夫は男じゃない」「殴られる妻は、妻の方が悪い！」という価値観をはびこらせる。

なぜ、逃げないのか

私が、ドメスティック・バイオレンスの凄い実態について話すと、多くの人たちは「どうして、逃げないの」「なぜ、逃げないの」と聞く人がほとんどである。正直、私もこの取材をするまでは「私なら、夫が暴力を一度でもふるったら、やり返して、すぐに離婚だわ！」と叫んでいたくらいだった。

しかし、取材を終えたいまは言える。「逃げない」ではなく、「逃げられない」のよ、と。

妻や恋人たちに暴力をふるう男性は、どちらかと言えば、人当りが良く、普通に生活している人で、周囲には比較的、温和な人物という印象を与えている人がほとんどなので、知り合った頃は、〝何と優しい男性だろう〟と女性に思わせてしまうことが多い。そして毎日のように電話やメールを寄こしては「君を愛しているよ」とささやき、プレゼント攻撃をしかけてくる人も多く、同棲や結婚を急ぐ傾向にある。だから、多くの女性は「私をこんなに愛してくれるのだわ」と感激してしまう。

そして、同居が始まると、すぐに暴力をふるう男性もいるが、その暴力のサイクルは徐々にまわり始めることが多い。つまり、殴ったり、蹴ったりの暴力がおさまると、翌朝には「自分が悪かった。もう二度としないから許してほしい」「自分を捨てて出て行かないでくれ」と懇願する。そして、優しい夫や父親になる。

殴られたり、蹴られたりした妻は「こんなに謝っているのだから許そう。私にも、悪いところがあったのかもしれない」と考えて、許してしまう。

しかし、このハネムーン期と呼ばれる時期は永久には続かない。やがて緊張期と言われるイライラ期がやって来て、また暴力は爆発する。これが、ドメスティック・バイオレンスの暴力なのである。

このドメスティック・バイオレンスのサイクルはその人によって異る。最初の暴力から次の暴力まで二年以上もあったと言う人もいれば、三ヵ月だったという人もいる。しかし、確実にこのドメスティック・バイオレンスの周期と暴力の度合いは酷くなる。そして、この暴力から逃れようという気配を女性が示すと、自分の愛しているペットが自分の許を勝手に逃げ出すのを止めるように、暴力は最大となる。

そう、ドメスティック・バイオレンスは、暴力で一方が他方を支配する構図であることを前述したが、暴力をふるう側にとって、相手は自分の持ち物、「ペット」なのである。

ペットが自分の支配下を逃れようとすることは許されないことで、愛しているわけではない。だが、暴力をふるう男性は多く「君を愛しているから、暴力をふるうのだよ」と言う。そして、その暴力についても「たいしたことはない」「愛情表現だ」とも話す。

暴力をふるう側は、ペットである相手（女性）が自分の意志で出て行かないように、自信や能力を奪う。これが一つに「おまえほどバカな女はいない」、「おまえは社会に出て行っても一人前にはやっていかれない！」などと口汚くののしり続けて自尊心を失わせる「心理的暴力」をふるう。そして、仕事を辞めさせて「女は家事、育児をしていればいい」と性による役割分業意識観を強制して、経済的自立を奪う。生活費も十分に渡さない夫も多い。そのことを言うと「俺が稼いできた金を俺が自由に使って、何が悪い！」と荒れ狂う。

妻の実家や友人、社会からの隔離も強制する。妻が実家と交流することや、友人と楽しむことを嫌う。例えば、妻に電話がかかって来た時などに「うるさい！いつまで電話をしているのだ。俺をないがしろにしやがって！」と怒鳴り、電話線などを引っこぬいてしまうこともある。妻は、電話がかかってきてもビクビクしていなければならなくなる。

また、妻の日常を監視して、生活をコントロールする人も多い。三十分ごとに自宅に電話をして「いま、何にをしているのか」と聞いて報告させたりする。携帯電話をチェックして、自分が知らない番号があったりすると、「浮気しやがって！」と怒り狂って、携帯電話機器を壊したりもする。

自分以外の男性、お隣りのご主人やマンションの管理人であっても、「親し気に挨拶しやがって！」と、浮気を邪推したりする。また、妻が大切にしている物を壊したりもする。

そして、最後には「俺が暴力をふるうのは、酒のせいだ。いや、おまえが悪いからだ！」と、他者のせいにする。また、脅しもする。「実家に俺のことを言いつけたら、おまえもろとも殺してやる！」「実家に火をつけて燃やしてやる！」「おまえの親族が社会的に生きていけなくさせてやる！」

子どもを人質にとることもある。「家を出て行くなら、子どもを置いて出て行け！」「子どもはどうなってもいいのだな！」

実家の両親や兄弟、友人たち、親しい人たちから切り離され、毎日自立心や自尊心を無くさせるような心理的暴力を受け、そして殴る、蹴る、髪の毛を持って振りまわす、裸にして風呂場で水をかける、等々の身体的暴力を受け続ければ、誰れもが「無気力」と「絶望感」に落ち入ってしまうことは想像できることである。

それも、自分の行為が暴力を呼ぶ予測が立てばともかく、予測不可能な暴力が加えられる繰り返しは、「自分にはどうすることもできない」というあきらめの境地にならざるを得ない。

ドメスティック・バイオレンスの怖しさは、身体的な傷を与えるだけではなく、その人の自立心や自尊心まで奪っていく。

私が取材したある女性は、「犬と檻《おり》」の話をしてくれた。あの心理学者、セリーマンの有名な研究である。

犬を檻に入れて理由なく電気ショックを与える。初めは、電気ショックから逃れるために必死になるが、予測がつかない虐待が続けられていると、あきらめてただおとなしくしているだけになる。そして、実験が終わって檻の戸が開けられても、犬は檻の中から出て行こうとしない。

「どうして、逃げようとしなかったのかと思われるでしょう。でも、理由なく暴力をふるわれていると、檻の中の犬みたいになってしまうのですよ。それに、『逃げてみろ！　つかまえたら殺してやる』なんて言われると、脅しだとはわかっていても身体がすくんでしまって……。また、子ども連れで出て行っても、生活できるのかしらと経済的な不安がおそってきたり……。実家の親たちにも言えなかったですね。娘がそんなに不幸な生活を送っているなんて知らせたくないと思いましたから」

家庭の外では、暴力をふるう男性のほとんどは「よき夫」「よきパパ」で、社会人としても一人前である人が多いだけに、理解を得ることが難しいと考えてしまう殴られる妻たち。

それに、何より「いい時は、優しい夫であり、よきパパである」という二面性から「私さえ、我慢すれば……」と思ってしまう。

日本の社会そのものが、男性の暴力については〝男らしさ〟を感じる文化であり、女性は「いい妻、いい母親像」を期待される現実があることも、暴力を受けている女性がNO！を叫び、その場から逃げ出すことを良しとしない、いままでの歴史も彼女たちの足を引っぱっていると言わなければならないだろう。

悪い男が殴るのか

この章の第一節でも私の周囲にも妻に暴力をふるっている男性がいることを書いたが、ドメスティック・バイオレンスは、「年代」、「収入」、「職業」、「学歴」に関係なく起こっている。

よく「暴力をふるう男性って、アルコール依存症や麻薬などの薬物依存症の特別な人たちじゃないの？　それから失業してたりとか」という声を聞くが、決してそうではない。逆に、ギャンブルやアルコール依存症の人たちは少数者である。この事実は、あまり知られていない。

でも――と首をかしげる人たちにいくつかの事例を挙げてみよう。

二〇〇〇年一年間に新聞紙上で報道された女性への暴力で逮捕された男性の職業を列記してみると、「無職」、「土木作業者」、「外壁業」、「農林業」、「(自称）タクシー運転手」、「電気工事業」、「トラック運転手」、「型枠大工」、「自営業」、「東北大病院職員」、「会社員」、「不動産業者」、「建設業」、「塗装会社経営」、「新聞販売従業員」、「暴力団組員」、「解体作業員」、「調理師」、「看護士」、「建築業」、「元巡査」、「電気工事店従業員」、「中学校の英語助手」、「工員」、「会社役員」、「飲食店従業員」、「ピアニスト」、「店員」、「配管工」、「塗装工」、「宝石店店員」、「施盤工」、「設備業」、「浜松市職員」、「愛知県カヌー協会理事長」、「東京都葛飾区職員」、「金融業手伝い」、「食品販売業」、「整備工」、「中古車販売会社社員」、「電気オペーレーター」そして、衆議院議員選で神奈川3区から自由党公認で立候補して落選した神奈川県連副幹事長も。

あらゆる職種に暴力をふるう男性は存在する。そして、年代も一〇代から六〇代まで。

私は昨二〇〇〇年一一月に大阪府女性相談センター（婦人相談所）に取材に訪れた折も、平成一一年度の「女性保護の概要」の冊子を指し示しながら、一時保護の状況について説明を受けた。

「ここは、公立の一時保護所ですから、お金を持たないで家を出て来てしまった人が多いのですが、暴力をふるう男性の職業は、長引く不況のせいもあって無職が一八・六％。一番多いのは土建屋が多いのですが現業関係が二七・九％。三番目が会社員の一六・四％。続いて一二・一％の自営業。暴力団の五・七％。生活保護受給五・七％。公務員〇・七％。まあ、職種に関係ないと言ったらいいですかねえ」

この答えに私が納得いかないような顔をしていたら、

「いま、うちの一時保護所に七組逃げて来た人たちがいるのですが、みんな夫の職業はまちまちですよ。無職の人もいるし、そうそう、大阪で有名な大学の先生の奥さんも駆け込んで来はって、いま入所してはりますよ」と。

「家では奥さんに暴力をふるう旦那さんも、外に出たらちゃんとしてはる人も多くて、毎日妻に手紙を渡してほしいと言って持って来はる人もいるんです。きちんと背広着て、一見、紳士風なんですわ。その手紙には『悪かった。本当に悪かった。帰って来てほしい。おまえに暴力をふるったことは、赤子の手をひねるようなことで、本当に悪かった』と書いてあるんですわ。毎日、毎日、手紙書いて持って来はるんですよ。本当にちょっと見たら、そんな暴力ふるう人に見られませんのよ。

なかには、こんな人もおって、私らびっくりしてしまったんですよ。テレビ見てたら、訪ね人の番組だったと思うのですが、奥さんと子どもの写真を持って、家を出て行方不明になっている妻子を見た方は連絡下さいと言っている男の人がいて。よく見たら、うちの一時保護所に逃げて来た母子だったんですわ。どうして出て行ったか分らない。見かけた人は連絡して下さいって。あわてて、その母子を他県に逃したのですが、番組つくっている人たちも、同情してしまうくらい、普通の優しい男性に見えたのですから」

私も取材を重ねるうちに、ドメスティック・バイオレンスの加害者になる男性は、〝普通の男性〟のうちに存在していることがわかってきた。「年齢」「学歴」「職業」「収入」に関係なく、女性に暴力をふるう男性がいることに。

だから「暴力をふるう男性には、家庭の外では人あたりが良く、定職を持ち、社会的信用もある。社会人としてはごく一般的な人も多いのです」とドメスティック・バイオレンスについて書かれていることがわかるようになった。

それでは、どのような男性が妻や恋人たちに暴力をふるうのだろうか。

最初に頭にうかぶのは、一九九四年にアメリカで「O・J・シンプソン事件」として大きく報道された、アメリカのフットボール界の大スター、O・J・シンプソンではないだろうか。シンプソンが離婚した前妻ニコールとその友人を殺害した事件である。裁判の結果は、刑事裁判では無罪になったが、民事裁判では有罪となり、日本円で約四〇億円の賠償金を支払うよう命じられた。

このO・J・シンプソン事件の裁判は、全米のテレビに放映された結果、アメリカ国民は、ドメスティック・バイオレンスの名とその実態を知ったと言われている。大統領も、DVのない家庭の平和を！　と演説の中に入れるようになったほどの大きな衝撃を国民に与えた。

アメリカはレディーファーストの国といわれているが、実際には父権、夫権の強い国で、男性は伝統的に強い者であるという文化の国である。だから、女性は男性に劣るものとして扱われ、男性は女性への抑圧の道具に暴力を使ってきた。

アメリカのドメスティック・バイオレンスの研究者、ニール・ジェイコブソンとジョン・ゴットマンが著した『夫が妻に暴力をふるうとき―ドメスティック・バイオレンスの真実』を読むと、暴力をふるう男性には二種類のタイプがあると述べている。

一つはコブラ・タイプと呼ぶ、思春期の頃から反社会的な行動をとってきた犯罪者タイプで、快楽主義的で衝動的であり、真に他人と親密な関係を結ぶことができない男性たち。彼らの成育歴はめちゃくちゃなことが多く、どちらの親からも愛情と安らぎを得ることなく、子どもの頃に虐待を受けた経験者も多い。

もう一つは、闘犬タイプで、父親が母親に暴力をふるっていたケースが多く、暴力は女性操縦法の一つであるという考えが植え込まれていて、感情面ではコブラ・タイプとは異り、妻に依存していて、妻に捨てられのではないかと常におそれている男性たちである。

　日本では、まだまだ、女性に暴力をふるう男性たちの研究は進んでいないが、私が取材の中で出会ったドメスティック・バイオレンスの男性は、二通りにわかれるように思われる。

　一つは、成育歴の中で父親から母親への暴力があり、彼もまた父親から虐待を受けてきたタイプである。アメリカのニール・ジュイコブソンとジョン・ゴットマンが分析した闘犬タイプにあたるのだろうか。力で女性を支配することを学んできた男性たちと言えよう。しかし、誤解をされないように言っておきたいのは、同じ暴力がある環境下（父親から母親への暴力。父親からの子ども虐待）で育っても、全員がそうなるわけではないということも一言付け加えたい。

　もう一つは、父親と母親の夫婦関係が希薄で、母親から溺愛されて育ったタイプである。考え方によれば、母親から依存された、心理的虐待を受けたとも言えるが、母子密着型の母子分離ができなかった男性たちである。これは、ある意味で日本の女性が対等な夫婦関係を築くよりも、息子との一体感で生きがいを感じる家庭環境がつくり出した、日本特有のものかもしれない。岩下久美子著の『人はなぜストーカーになるのか』（文春文庫）の中にも、ストーカーになるタイプに母子密着型の息子の例を挙げている。母親に支配され共依存の関係となった息子は、愛情のコントロール能力を奪われ、自立心のない人間となる。そして、彼らは自分の母親からされたと同じことを他人に対して行おうとする。それが、ストーカー予備軍にもなる、と。（一七六—七ページ）

第二章の第二節で私は「永遠の少年」の男性についてふれたが、まさに二つ目のタイプではないだろうか。「永遠の少年」とは、ユング心理学で重要視される元型で、心理学者の河合隼雄氏が、欧米人と比較して日本人の特徴を言い当てるキーワードの一つとして選ばれた人間のタイプの特徴である。河合隼雄氏は、「日本の異性関係は、父・娘、母・息子の関係をベースとして長年にわたってつくられてきている。男と女とが平等の地平に立って会うことは、極めて難しい。夫婦関係にも、父・娘、母・息子の関係のパターンが知らず知らずのうちに入ってきて、夫婦が相手を『お父ちゃん』『お母ちゃん』と呼ぶときに、そのような感情が混入していることも多い。」（『「永遠の少年」の娘たち』の序から）と書かれている。

この本を書かれた菅佐和子京都大学医療技術短期大学部助教授も、私が出した手紙の返書の中で、「夫との関係で心の満たされない妻は、その空洞を息子で埋めようとするのも無理からぬことではないでしょうか」と。

そこで、母親にからめとられた息子は、

「妻や恋人が大切なんだけれども、結局、自分にとっては母親の方が大切で、しかも、それがとても重たい……」

と呟くようになる。すると、また、その妻は夫との空洞を満たすために自分の息子に生きがいを求める。この繰り返し。

私の周囲にいる男性たちの多くも「離れていても、母親のことを思うと涙が出る……」と、酔った時などにポロリと本音が出る。

この日本的慣習といっていいほどの母と息子の関係が強くなり、「共依存」と呼ばれるほどの「支配―被支配」の関係が生じると、どうなるのか。息子は母親から自立心を奪われ、自分をコントロールする力さえ失う。もう母親がいなくては自分の存在さえない、といった状況になる。

人間は「自分がされたように、他者にする」ことが多いと言われるように、成人した息子は、妻や恋人を自分の支配下に置き、コントロールしようとする。そして、そのコントロールの道具に暴力が使われるとしたら、それこそ、ドメスティック・バイオレンスである。

今後、日本でもドメスティック・バイオレンスが社会問題となり、加害男性へのカウンセリングやリハビリなどの施策がとられるようになると思うが、それと並行して、日本の暴力をふるう男性の調査や研究も進むと考えられる。

そのとき、日本の男性が女性に暴力をふるう背景に何があるのか、明らかになるだろう。

しかし、まちがいなく言えることは、いままで続いてきた男性優位社会の歴史は、女性を支配するために暴力を肯定する文化を保持してきたということである。

第六章　女性への暴力に国境はない！

女性への暴力に国境はない

私が女性への暴力について国外で出会ったのは一九九三年だった。それは、マレーシアとシンガポールでだった。

マレーシアの首都クアラルンプールではある女性団体が主催する、暴力を受ける女性（バタード・ウーマン）のための相談と緊急一時保護をする施設（シェルター）を見学した。また、シンガポールでは、シェルターとシェルターに付属する子どもの家を訪れた。

両国とも、かつてはイギリスの植民地で、第二次大戦後シンガポールは一国として独立し現在にいたっているが、マレー人、インド人、中国人が混在して一つの国をつくっている事情は共通している。だから、当時、資料として持ち帰ったチラシやパンフレットは、英語とヒンズー語、中国語が記されていた。

マレーシアで訪れたＷＡＯと呼ぶシェルターは、一九八二年にマレーシアで初めてつくられたドメスティック・バイオレンスの被害者のための施設で、そこを運営する女性たちが弁護士や医者やソーシャル・ワーカーなどの専門家たちが多かったのが印象にのこっている。そして、ＷＡＯで資料としてもらったレポート（一九九一年）に「女性に対する暴力はグローバルである」（Violece against women is global）と書かれてあったのが、いまも印象にのこっているが、正直に言えば、当時の私はその深刻さに気付いてはいなかった。ただ一つ、シェルターへの相談や一時保護を求める女性のうち、人口比としては一番少ないインド系の女性たちが多いということが頭にのこったくらいだ。いま考えてみれば、女性への暴力について知る貴重なチャンスであったのに、そのことにきちんと向き合う心を持っていなければ、そのチャンスは自分の前を通り過ぎて行くものだということをいまさらながら痛いほど感じている。

そこで、「夫、恋人からの暴力―国境のない問題・日本と各国のとりくみ」（ドメスティック・バイオレンス国際比較研究会編）（教育史料出版会）の中に紹介されている「マレーシア」を見てみると、私が訪れたＷＡＯ（Women's Organization）（女性援助団体）のことが書かれてある。このＷＡＯへ援助を求めた女性たち、初年度だけで二〇〇人がシェルターに、そして四〇〇人が電話でカウンセリングを受けた女性たちの経験から、いかに夫や恋人からの女性への暴力が深刻なものであるか、その対策がおくれているかなどが浮き彫りになり、一九八五年に、「夫・恋人からの暴力」、「強姦」、「セクシャル・ハラスメント」、「メディアの女性描写」などの個別の市民団体が結束して「女性に対する暴力阻止・共同行動グループ」を結成し、マスコミや政府に働きかける「女性への暴力根絶のための法改正と、女性に対する暴力阻止法の制定を政府に求める決議」が採択された。

一九八六年には、考え方や活動分野の違いを越えて、女性グループが「全国女性グループ評議会」の呼びかけで団結し、女性の地位向上と、女性への暴力を助長している法制度の改正を求めた嘆願書を国に提出した。

一九八七年には、女性に対する暴力への政府の対応を求めるキャンペーンが各州で取り組まれ、一九八九年には女性弁護士協会とロイヤル・マレーシア警察が共同でワークショップを開催して、その場で「ドメスティック・バイオレンス法」の草案が検討され、一九九四年に立法化された。しかし、施行となったのは一九九六年六月である。

WAOによると、一九九七年には夫による暴力の警察への通報は五〇〇〇件以上と増加したが、警察の対応は不十分であると報じている。

マレーシアではまだ貧富の差が大きく、中流以上の女性運動となっているため、すそ野をひろげることも今後の課題となっている。

マレーシアのWAOを訪れて満八年。こうして、マレーシアの女性たちのドメスティック・バイオレンスへの取組みについて記述できたことはうれしい。

私が「女性への暴力」について、大きな衝撃を受けたのは、第一章で述べた第四回世界女性会議（北京会議）だった。ＮＧＯのワークショップでは、まさに様々な「女性への暴力」について語られていた。「戦時下の暴力」、「戦争から帰ってきた元兵士の家庭内での暴力」、「失業中の男性の暴力」、「被害者の女性が裁判所で受ける警官や検事、裁判官からのセカンド・レイプ」等々。南アジアの女性たちからは、女性や子どもたちが受ける日常的な暴力「少女への性的虐待」、「人身売買」、「レイプ」、「拷問」、「焼き殺す」等々。

女性への暴力に国境がない！ということを私が肌身に感じたのは、まさに一九九五年の北京会議だった。そして、一九九八年の家庭暴力世界会議（シンガポール会議）への参加は、世界中の人たちが、女性や子ども、高齢者への暴力をなくすために、さまざまな取り組みをしていることを教えてくれた。

二〇〇〇年五月三一日、ユニセフ（国連児童基金）は、「国連特別総会女性二〇〇〇年会議」[1]に向けて「女性と少女に対する家庭内暴力」と題する中間報告書をまとめたことを発表している。（二〇〇〇年六月一日、朝日新聞）新聞報道によると、世界中の女性と少女の「二〇％から五〇％」がその被害に苦しんでいると推定され、これは「最も深刻な人権侵害」の一つである、と。

報告書によると、女の子が強制売春でエイズウィルスに感染させられたりするケースは先進国、途上国に関係なく起きている。

また、カナダでの一万二、三〇〇〇人を対象にした調査では「二九%」の女性が夫や恋人からの暴力を受けており、アメリカでは「二八%」、ケニアでは「四二%」である。そして、インドの男性は既婚男性の「四五%」(一九九六年調査)が妻を虐待したことがあると認めている。

二〇〇〇年五月三一日(夕)付けの日本経済新聞紙上によると、同報告書の中で、被虐待経験を持つ女性が自殺を図る確率は、スリランカでは、虐待を受けたことがない女性より「一二倍」多く、アメリカでは、肉体的暴力の犠牲になった女性の「三五~四〇%」が自殺を図る傾向があるとしている。

女性や子どもたちへの暴力は、いままで世界中で家庭内の個人的なこととされてきたのが、二一世紀を迎えて、やっと「人権侵害」であると報告され始めたということが言えるだろう。

「女性への暴力」は、日本だけではなく、国境を越えて地球上にあふれている事実である。そして、この女性への暴力は、男性優位社会で女性を支配するために生まれたものであることを忘れてはいけない。

二〇世紀後半からあふれるように出てきた「女性への暴力NO!」の声は、地球を揺るがしていると信じたいが、まだまだ女性への暴力が容認されている社会の中で私たちは生きている。

この章では、日本で報道されることが多いアメリカの例と、隣国である韓国の女性への暴力についてその動向についてもふれてみたい。

娘と孫を殺されて（アメリカ）

二〇〇一年三月四日の午後、私は横浜市戸塚区にある横浜女性フォーラムで開かれた「加藤洋子講演会――夫・恋人からの暴力は社会問題です――在米日本人女性の訴え」（主催(財)横浜女性協会）に参加した。

加藤洋子さんは、二〇〇〇年度のエイボン教育賞を受けられて新聞にも報道されたので、ご存知の方も多いと思うが、彼女は一九四四年に横浜市の本牧で生まれて育ち、横浜学園高等学校を卒業後、一九六五年にアメリカに渡り、結婚。二人の娘を出産するが、夫の暴力が原因で一九七五年に離婚。その後、二人の娘を育てながらデザイナーとして独立。ブライダル・ブティックＹＯＫＯウェディングの経営で成功をおさめる。

その彼女がなぜ、ライフワークとして「夫、恋人からの暴力」、ドメスティック・バイオレンスをなくす活動を選び、ドメスティック・バイオレンスは犯罪であるという考えを地域社会に根付かせるために、ＤＶ防止法制定に向けて講演活動などをしたり、一九九八年にマサチューセッツ州で Women of Achievement Award を受賞し、Women of the year に選ばれたのだろうか。

それは、彼女がアメリカに渡り、長女ジニーさんと二女シェリーさんの父親にあたる男性と結婚後、

加藤洋子講演会

夫が暴力をふるい出したことに始まった。

「夫は酒を飲んだときに暴力をふるい始め、そのうち給料を全部使い果たすようになりました。でも、しらふになるとゴメン、ゴメンとあやまるのです」

当時は、ドメスティック・バイオレンスについての相談窓口も、シェルターもなく、彼女の家族も日本にいた。一九七〇年以前まで、アメリカでもＤＶに対する社会的な認識もなく、問題にもなっていなかった。

彼女は、友人から「マウント・ホリヨーク大学で一年間三〇〇時間の仕事をすれば、大学の授業がただで受けられる」と聞き、二人の娘と夫を連れて、大学の寮に移り、昼間は学校に行き、夜は娘たちを連れて三〇〇時間の仕事をこなし、デザインの勉強もした。横浜の彼女の母親からの援助も少しあったが、大学での仕事と勉強、そして他人の子どもの面倒もみながら、彼女はがんばった。暴力をふるう夫と離婚したのは、この大学時代である。

離婚後、彼女はニューヨークへ行き、二年間デザイナーとして働きながら勉強し、一九八〇年にマサチューセッツ州ノーサンプトンに移って、ブライダルショップをオープンした。彼女のデザインしたドレスはハリウッドのスターにも愛用されるようになり、成功した彼女は自分の飛行機を買い、パイロット資格も取得した。

二人の娘たちは成長し、長女も二女も大学へ進学。しかし、二女のシェリーは大学二年の時につき合っていたボーイフレンドの子どもを妊娠。そのボーイフレンドはシェリーに暴力をふるっていたが、そのことを母親に言えば警察に連絡することがわかっていたので黙っていた。シェリーは、彼とは結婚しないで子どもを産む選択をし、一九九一年にセドリックと名付けた可愛いい男の子を出産。

彼女と二人の娘たちに、セドリックはこのうえない幸せの日々をもたらした。

「一九九三年一月一〇日の夜のことでした。二女はいつも私のところへ来て夕食をとることになっていたのですが、その夜、友人のところへ行くからという電話がかかってきました。今夜のディナーはバァッファローの肉のステーキよと私が言ったことを覚えています。その時、シェリーと話したのが娘との最後の会話でした。」

この夜、二ヵ月前に別れた彼が酔っぱらってやって来て、「ご飯を食べさせろ」、「私たちは出かけるから、帰って。早く出て行って」と言いあらそっているうちに、セドリックの父親でもある彼は、皿洗い機から二本のナイフを取り出した。

「彼は、自分の息子のセドリックの顔をナイフで傷つけたのです。シェリーが『やめて!やめて!』と言って、泣きさけぶセドリックをかかえて、ベッドルームへ行き九一一番（日本の警察一一〇番）へ電話をしようとしていたところ、追いかけてきた彼は電話線を引きちぎり、娘にもナイフで切りつけてきたのです。

警察の話では、セドリックは顔、背中、心臓と一三回も刺され、娘のシェリーは、最後の最後まで子どもをかばって体中を五三回も刺され、最後はシェリーの眼にナイフを突き刺し、二人の遺体の上に一三五ドル（養育費）をばらまいて立ち去りました。

死体が発見されたのは、午後の一〇時頃でした。」

翌朝の一月一一日午前四時頃、彼女はノーサンプトンの刑事からの電話で起こされた。そして訪ねて来た刑事から、シェリーとセドリックが、シェリーの別れた彼に殺されたことを知らされた。

「ドメスティック・バイオレンスは、親密な関係の中の暴力です。暴力でコントロールしようとするときに起こります。この暴力に男女差別はありません。

社会的地位も関係ありません。政治家や医師たちにもあります。ゲイやレスビアンの関係でも多くあります。同棲の関係にも、ドメスティック・バイオレンスはあります。収入にも関係ありません。学生のバイオレンスはとても酷《ひど》い！

暴力は、肉体的だけではなく、精神的、生活的、性的な暴力を伴います。障害者同士の関係のドメスティック・

被害者は、愛情と錯覚するのです。君を愛しているから殴るのだというからです。また、別れる時に一〇〇%、ケガします。二人が別れようとしたとき、別居中に暴力がふるわれるのです。シェリーも、彼とは二ヵ月前に別れよう！と言っていたのです」

彼女は、シェリーと孫のセドリックが殺されたことを、長女のジニーに電話しました。

朝の六時のニュースで「ノーサンプトンで二三歳の女性と一八ヵ月の子どもがメタメタに切られて

殺された」と報道され、そのニュースで初めて、彼女は二人がどのようにして殺されたのかを知った。

二人のお通夜は、一九九三年一月一五日だった。この日は彼女の四九歳の誕生日だった。翌一六日のお葬式は日曜日で、お棺の中には「さよなら」と書いた紙や手紙、そして二人の服やおもちゃを入れ、二人の墓石には「Love You」と刻んだ。

「ラブ・ユウ。この言葉は、毎晩セドリックが電話で私に言ってくれた言葉なのです。」

翌月曜日から私は仕事にもどりました。すると、職場の人が教えてくれたのです。新聞で事件のことを知ったマサチューセッツ州の人たちがみんな集まって『ドメスティック・バイオレンスをやめろ！』とデモをしてくれたり、ボストンでも、五〇〇人もの人が集まって『ドメスティック・バイオレンスはやめろ！』とデモをしてくれました。

アメリカの人って、面白いですよ。自分たちが言いたいことがあると、すぐに集まって町の中をデモして歩くのですから。

でも、変な人もいましたよ。娘たちが住んでいたアパートの部屋にゆうれいが出る。そのゆうれいの写真を五〇〇ドルで買わないかって言ってきた人がいるのです。もちろん、断りましたが」

犯人のショーンは逮捕され、二回の終身刑（二人を殺したので）が言い渡された。

「私は本当に悔しくて。彼が死刑になればいいと思いましたが、マサチューセッツ州には死刑制度がないのです。死ぬまで私たちの税金で生きていくのだと思うと、本当に悔しくて……」

Sherry A. Morton
(Nov.28, 1969-Jan.11, 1993)

Cedric D.
(June 17, 1991-Jan. 11, 1993)

To my son Cedric Devaughn,
by Sherry Morton
March 1, 1992 11:12 p.m.

Even though your precious life is only 8 months old, I feel as if I have known you forever. I cannot believe how strong a love a mother and child could have.

You are the most important person in my life today and forever.

As you lay before me sleeping I think of what a wonderful little person you are. You are my life, I am so glad you blessed my life with your beautiful being. You are a very special little boy.

Everyday I thank God for giving me such a loving, happy, special little boy. I love you Cedric, a love that you may never know until you have a child of your own.

Everything you do, every breath you take, pulls me closer to you. I hope you will someday realize how much I love you, how much I will always love you.

God Bless my Cedric...
Mom

しかし、彼女はやがて「二人はもどってこない。神さまが私にこういう人生を選んだのだ」と考えるようになる。

「私は、残された人生をドメスティック・バイオレンスの被害者のために、ドメスティック・バイオレンスをなくすために活動しようと思い立ったのです。

そして、亡くなった二人のために『ネーム・オブ・スカラーシップ・シェリー・モートン・アンド・セドリック』という名の奨学金制度をつくりました。これは、ドメスティック・バイオレンスのシェルターに入っている女性、子どもがいる女性に奨学金を出し、大学で勉強して自立をしてもらう制度です。この制度で一一人の女性が大学に行っています。」

彼女は現在、二〇のシェルターの理事と、暴力をふるう男性のためのプログラムの理事をし、全米を飛びまわって、ドメスティック・バイオレンスにかかわる人たちに自分の体験を話し、どのようにして被害者に接するのがいいかを講演してまわっている。日本でも、一九九九年に日本で初めて被害者の体験や主張を表現したTシャツの展示を活動グループと実施し、二〇〇〇年には警察庁に招聘《へい》されて、アメリカのDV対策について講演した。二〇〇一年には全国の各地でドメスティック・バイオレンスについて講演することになっている。

加藤さんは、横浜の講演でも、アメリカの被害者からの手紙をいくつも紹介しながら、「ドメスティック・バイオレンスには国境がない！」「ドメスティック・バイオレンスは社会問題である」「ドメスティック・バイオレンスは広くて大きな問題である」と何度も念を押しながら、アメリカの現状などを話された。その中で、いくつか紹介すると——

(1)マサチューセッツ州の具体例として、

○州の職員はドメスティック・バイオレンスのために一五日以内の有給休暇をとることができる。それは、相談からかけ込み、裁判などの自立へ向けての時間をとるため。

○相談のための電話（有料）をかけると、一二〇ヵ国語のアンサーを得ることができる。

○バス会社やタクシー会社の協力で、ドメスティック・バイオレンスの被害者が安全な場所に身を寄せるために無料でバスやタクシーを利用することができる。

○一日、一五〇〇人が避難することができる場所がある。四〇ヵ所のシェルターの他に、ホテルやモーテルがボランティアで部屋を提供している。（アメリカのシェルターは、一九七八年にボストンで二人の女性が自分の家をＤＶの被害者のために提供したのが始まりである。ボストンには、ゲイの男性専用のシェルターもある）

(2)ドメスティック・バイオレンスの被害者への対応については、次の三つが大切。

「安全」

被害者とその子どもたちに安全な場所を提供する。

「選択」

被害者本人が、その後の生き方を選択する権利を保障する。（女性にも、いろいろなレベルの人たちがいることを理解する。アメリカでは、平均八回は家にもどってはまた駆け込む。被害者の選択を大切にする。「あなたの安全がとても心配よ」→「あなたとあなたの子どものことが心配なの」→「これ以上、よくなる事はないと思うわ。悪くなることの方が多いのよ」→「いつでもいいわよ。あなたを必ず助けますよ」→「あなたは被害を受ける権利はないのよ」

「望み」

いつかは望みが達成できることを伝える。

(3)「メンズ・リソート・センター」

加害者は事件の次の日に、裁判所で判事から刑務所に行くか、四〇週間のカウンセリング（最初の一五週間は週三時間）を受けるか選択する。カウンセリングは、有料（一週間三五ドル）で、一日でも休めば刑務所へ、カウンセリングは、グループ・セラピーで、暴力のコントロール方法を学ぶ。成功率は、最初のうちは二％だったが、現在は三四％。加藤さんは「娘のシェリーと孫のセドリックが私に力をくれた」と何度も話されたが、悲惨な体験をプラスに生かして、ドメスティック・バイオレンス撲滅のために活躍されている生き方は多くの人に勇気を与えてくれる。講演終了後に横浜市内のホテルで開かれた婦人相談員の方たちとの交流会にも参加させていただいたが、彼女の明るさの裏にひそむ強さが私には感じられた。

アメリカでは、病院へ傷を受けて緊急治療に来る女性の三〇パーセントは、夫や恋人たちからの暴力を受けた結果であると言われているように、ドメスティック・バイオレンスは大きな社会問題となっている。しかし、夫や恋人からの女性への暴力が社会問題としてみんなに容認されるまでには長い歴史があった。

一九七〇年代の前半に起こったウーマン・リブと呼ばれる女性解放運動は、最初は自分たちのレイプなどの性被害を語ることから始まった。ところが強姦救援センターやホットラインに夫や恋人からの暴力を受けた女性たちの相談がひっきりなしにかかってきた。そこで始まったのがバタード・ウィメンズ運動と呼ばれる夫や恋人からの暴力を根絶する運動だった。

一九七四年には、アメリカで始めてのシェルターが開放され、夫や恋人から女性への暴力に「ドメスティック・バイオレンス」という名前が付けられた。

一九七六年に、ペンシルバニア州で夫・恋人からの暴力防止評議会がつくられたのをきっかけに、一九八二年に四八州で州レベルの評議会が設立された。

一九七八年には、「全米ドメスティック・バイオレンス阻止連合」が結成され、また州レベルの評議会の相互協力を目的とする「全米ドメスティック・バイオレンスを根絶するネットワーク」が設立される。

そして、彼女たちのたゆみない活動と努力によって、州法の改正が進み、一九八四年に夫・恋人からの暴力に関する初めての連邦法が成立した。

現在、約二、〇〇〇のシェルターには二四時間のホットラインがあり、被害者に対してありとあらゆる援助が、利用者のニーズに応じて提供されている。また、ドメスティック・バイオレンスの下で被害をこうむった子どもたちへのカウンセリングや、被害者への医師、精神科医、セラピストなどの外部の専門家による援助や、離婚手続きなどの弁護士などの法律的サポートが、低料金で提供されるようになっている。

また、州法が改正される中で、暴力をふるった加害者が逮捕、起訴されるようになり、罰金や懲役刑に代わり、教育・治療的プログラムへの参加を課す自治体もふえてきた。

カリフォルニア州では、家庭内暴力専門の裁判所が設けられていて、加害者は検察局へ書類送検後に、保釈期の額や接触禁止命令、処罰などがＤＶ裁判所で決定される。加害者は、危険度が少ないと判断された場合は釈放されるか、五二週間のカウンセリングを課せられる。家から通えるカウンセリングも、その進捗《ちょく》状態がＤＶ裁判所に出廷してチェックされ、欠席したり、命令に違反した場合は、軽罪でも、最高一年間、刑務所で服役しなければならない。カウンセリング料は加害者負担である。

また、たとえ「夫を逮捕しないでくれ」と妻がたのんでも、妻に目に見える傷がある場合、警察は逮捕しなければならない。ＤＶに関しては、州の責任で起訴することになっている。

一九九四年に「女性への暴力防止法」が制定され、女性への暴力は、「夫・恋人からの暴力」だけではなく「強姦」や「ストーキング」なども犯罪であるとされ、シェルターや警察・検事局などへの予算増加や防止教育プログラムのための予算が盛り込まれた。

アメリカでは、夫・恋人からの暴力だけではなく、あらゆる女性への暴力は犯罪であるとして、一般市民をはじめとする教育関係、警察、検事局、司法関係、また医療関係などあるゆる分野での教育の必要性が強調されている。

妻を三日、殴らないと（韓国）

私は一九八九年に義兄である古代朝鮮史研究家の井上英雄氏（東北大学名誉教授）に連れられて、韓国を一周する古代朝鮮史スタディツアーに参加した。四月から五月にかけての花が一斉に咲きそろう時期、古代朝鮮の史跡をめぐる旅だったが、出会った韓国の研究者の話よりも、通訳の女性の方から韓国女性事情を聞くことのほうに興味を持った。そして、その時、聞かされたのが、「妻を三日殴らないと、鶏になって山へ逃げ帰る！」という言葉だった。儒教の国で、家父長制が色濃くのこっていると言われる韓国で、女性への暴力を象徴する言葉なのだろうと、帰国した後も私の記憶の中で生き続けてきた。しかし、女性の政策決定の場への参画は日本以上に進んでいるとも聞かされ、女性への暴力がどこの国にも潜在化して存在するものだということを感じた。

だから、二〇〇一年三月三日に東京で開かれた日韓共同シンポジウム「家庭の中の女性に対する暴力防止の社会システム――アジアの可能性を探る」（主催　日韓「女性に対する暴力プロジェクト研究会」）には、興味を持って参加した。

このプロジェクト研究会はトヨタ財団と三菱財団からの研究助成を得てなされたもので、シンポジウムは一九九七年調査の東京都の調査「日常生活における女性の人権の調査」と連動して二〇〇〇年三月に行われたソウル・京城地域の家庭内暴力実態調査の報告と、その比較だった。ソウル・京城地域の調査は東京都の調査と同じ内容で二〇〇〇名の男女に実施されたものである。

韓国では、女性への暴力は、一九八三年に女性のための相談電話「女性の電話」が設立されたことで、長い間隠ぺいされてきた〝妻に対する殴打〟が表面化した。一九八七年には、シェルター「シムト」が設置され、被害女性の会「ベテウルの集い」が誕生した。また、二三の女性団体が集まって韓国女性団体連合が結成され、女性の権利と地位の向上を目指した運動が展開された。そして、一九八七年に男女雇用平等法が、一九九〇年に民法の一部改正、一九九四年には性暴力犯罪の処罰及び被害者保護等に関する法律が、一九九五年には女性発展基本法が制定された。

そして、一九九七年一二月一三日に「家庭暴力犯罪の処罰等に関する特例法」が、同年一二月三一日に「家庭暴力防止および被害者保護に関する法律」が制定され、ともに一九九九年七月一日から施行された。日本に先駆けてのＤＶ法制定である。

今回の女性の家庭内暴力被害経験の調査結果は次の通りである。

「生涯の暴力被害」については、

精神的暴力　七二・六％（日本五五・五％）
身体的暴力　四五・三％（同三三・〇％）
　軽い暴力　四四・八％
　酷い暴力　一六・三％
性的暴力　三一・四％（同二〇・九％）

「一九九九年一年間の暴力被害」については、

身体的暴力　三〇・八％
　軽い暴力　二九・六％
　酷い暴力　一一・〇％

（このうち、軽い暴力とは、拳骨やもので打つかのように脅かす。強く押したり、掴んだり、つねったり、突付く。平手で叩く。など。
また、酷い暴力とは、蹴ったり拳骨で殴る。体に傷を負わせられるもので叩く。起き上がれないほど殴る蹴るなどの暴力をふるう。首を絞めようとする。ナイフを突き付けながら脅かす。など。）

また、「女性への人権」に対する意識では、物理的な暴力行為（「男性の上司が女性の部下の体を触る行為」、「地下鉄内で女性の体を触る行為」、「暴力的に性行為を強要したり、夫が妻を殴る行為」など）については、男女ともに意識水準は高いが、「ポルノ写真を見る行為」や「買売春行為」は男女共に意識水準が低く、とくにポルノや売春に関する問題は男性側にその許容度が高い。

東京都の調査にはなかった、「家庭内暴力の加害実態」については、アメリカでドメスティック・バイオレンスの加害者研究をしてきたキム・ジェヨップ延生大学社会福祉学科教授から報告があった。この家庭内の加害実態と発生原因に関する調査は、過年五年間かけて行われた。

この調査は、ソウルと京城地域の既婚男性七〇七名を対象に実施されたもので、

「生涯の妻殴打」は、

全体の妻殴打　四三・三％

軽微な妻殴打　四三・〇％

深刻な妻殴打　一一・六％

「過去一年の妻殴打」は、

全体の妻殴打　二七・七％

軽微な妻殴打　二七・六％

深刻な妻殴打　五・九％

では、妻殴打する男性と、年齢や学歴、職業、収入などは、どのような関係があるのかという点で

家庭暴力事件の処理手続き

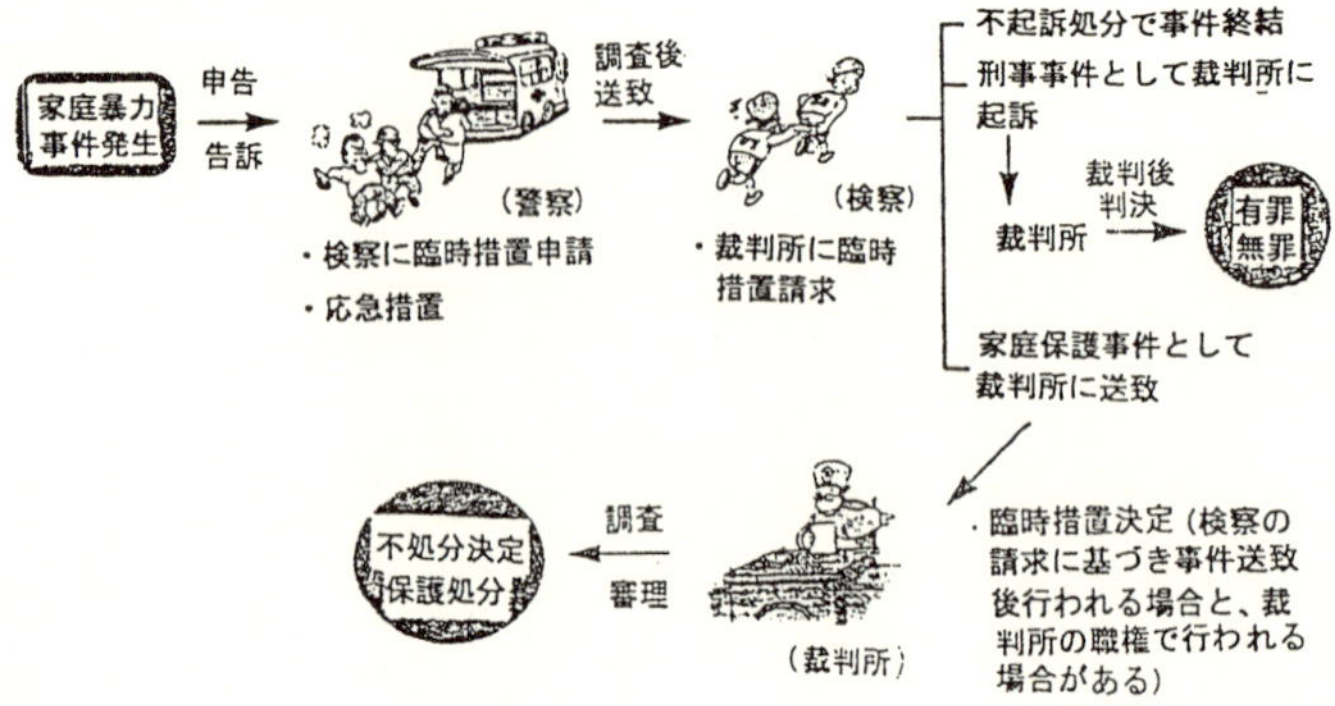

は、「収入と家庭内加害とは関係がない」とされる。

また、「年齢は、四〇代、五〇代の人がわずかに高い」、韓国では、ＩＭＦ（経済危機）の影響からか、家長としての地位の危機とストレスも手伝って、四〇代男性の死亡率が世界一高い。「学歴は、大卒以下の人の方が、わずかだが低い」、「ホワイトカラー（事務職）が、わずかだがブルーカラー（非事務職）より高い」という結果であった。

この調査によると、加害男性は「普通の男性」で、「家父長制意識が高い人ほど暴力の度合いが高い」（妻は従順に家事をしなければならない）。

○「女性の人権意識が低いほど、妻を殴打する割合が高い」

○「ＤＶ法を知っている人ほど、妻に対する暴力は低い」（アメリカの在米韓国男性は本国の男性より二分の一暴力が少ない）

○「家庭内で父親から母親へ、子どもへの虐待など暴力のある家庭で育った男性ほど暴力の度合いは高い」

最後に、韓国のドメスティック・バイオレンスに関する法律制度の特徴をあげると、
○加害者と被害者家族との修復を目的としている
○家庭暴力の申告を受けた警察官は、現場へ直行し、暴力行為を制止させ、犯罪捜査などの「応急措置」をとる
○検事が、「臨時措置」として、被害者の居室や住居、職場から一〇〇メートル以内の接近禁止を裁判所に請求できる。
○判事は「保護処分」として、社会奉仕など保護観察、保護施設への監護委託、医療機関への治療委託、相談所への相談委託などの処分をすることができる。
○検察官は、保護処分とするか、刑事訴追するか選択することができる。
○事件の処理にあたっては、被害者の意志を尊重しなければならない。
○審理において、被害者の意見陳述や、加害者の退場、非公開などを規定している。
○被害者への損害回復として、加害者へ損害賠償命令を定めている。（物的損害や治療費なども）
○民間団体の関与。
○国と地方自治体の家庭暴力予防と防止のための責務を規定している。
等々。

家庭暴力に関する法律が女性への暴力への抑止力になっているという韓国の報告は、法律が意識を変えていく大きな力の一つであることを私たち日本人参加者にも教えてくれた。

一九八九年の訪韓時に聞いた「妻を三日殴らないと――」という、あの言葉はもう韓国の人たちの中から消えただろうか。

注

（1）「国連特別総会女性二〇〇〇年会議」

一九九五年に北京で開かれた第四回国連女性会議後の成果と二一世紀へ向けての決意を示す会議。二〇〇〇年六月五～九日。アメリカのニューヨークで開催された。

第七章　ドメスティック・バイオレンスこそ最大の子ども虐待

ママを殴らないで！

「ママを殴らないで！」という言葉とともに恐怖と脅えで立ちすくんでいる女の子の顔が写っている（財）「アジア女性のための基金」が出しているポスターをご覧になった方はいるだろうか。多分、役所などで掲示されているので見た方も多いと思う。

父親が母親に怒鳴る！　殴る！　蹴る！　物を投げる！　などの暴力をふるう家庭で育つ子どもたち。一九九七年の東京都の「女性に対する暴力」調査でも、妻への暴力が子どもへも及んだケースが、全体の約六四・四パーセントと高い数値を示している。（欧米の調査でも、平均約六〇パーセント）

このように父親から母親への暴力は、直接的な暴力にまで及ばなくても、子どもに恐怖心をうえつける間接的な子ども虐待である。そして、妻への暴力をふるう父親の約三人に二人が子どもにまで暴力をふるっている。

アメリカでは、父親からの暴力の巻き添えで、二七パーセントの子どもたちが家庭の中で殺され、夫から暴力を受けている母親は、そうでない母親より一五倍も多く、子ども虐待の加害者になっている。また、父親から母親への暴力を守ろうとして、「父親殺人」を犯してしまう一一歳から二〇歳未満の子どもたちは、殺人件数のうち約六〇パーセントを占めている。

夫からの暴力を受けている被害者の妻が、なぜ、子ども虐待の加害者になってしまうのか。それは、受けた恐怖心や不安感から、悲しいことに子どもに暴力をふるうことでかろうじて自分を守ろうとするからである。

父親から暴力を受けていても逃げ出そうとしない（逃げ出せない）母親に、「どうして逃げないの？」と聞くと、多くの母親は「逃げ出せないのよ」という代わりに「おまえたち子どものためだよ」と答える。子どもは、自分のために母親が逃げ出さないのだ！「僕のために…」と、深く自分を責める。また、社会の「子どもには、どんな父親でも父親が必要なのだ！」という声があり、それも、夫からの暴力から逃げ出す女性の足を引っぱっている。

なかには、子どもを人質に取る夫たちもいる。

「家を出て行くなら、子どもを置いて行け！」

「子どもが欲しければ、家へ帰って来い！」

昼間、父親が外に出ている間、子どもに母親の監視を強制する夫たちもいる。子どもは、直接的に父親から暴力をふるわれなくても、両親の調整役にされて苦しむ。

子ども虐待は、殴る、蹴るなどの「身体的虐待」、言葉の暴力などの「心理的虐待」、養育の拒否や怠慢の「ネグレクト」、そして「性的虐待」があるが、父親から母親への暴力がある家庭に育つことも、大きな「子ども虐待」の一つである。

そして、この子ども虐待は、子どもたちに大きな悪影響を及ぼす。PTSD、摂食障害、睡眠障害、不登校、うつ、自己評価の低下、自殺願望などである。

よく、児童相談所への子どもの「チック症」や「摂食障害」「不登校」などの相談から、ドメスティック・バイオレンスが発見されることがあるのは、事実である。私も今回のDVの取材で、子どもの身体的不調で児童相談所へ行ったところ、「夫から暴力があるのではないですか」と言われて婦人相談所などの相談窓口を紹介されたという女性にも数多く会った。

ヨーロッパやアメリカでは、ドメスティック・バイオレンスの日常化した家庭の中で育った子どものうち、医療関係者の介入が必要になるのは全体の約四〇パーセントとされている。

妻に暴力をふるう夫は、妻が妊娠中も暴力をふるう。アメリカでは、妊婦の一五パーセントが妊娠期間の前半に少なくとも一回はパートナーから暴力をふるわれ、一七パーセントは後半に受けている。そのために流産や早産、新生児の低体重や発育不良など、子どもの健康状態に悪影響を与えていることが明らかになっている。

私が子ども虐待について取材をしていた一九九九年八月から二〇〇〇年七月までの間に、被虐待児の治療施設になっているある心理療育施設（情緒障害児短期治療施設）を訪れたときに、ソーシャル・ワーカーの職員の方から「ここに来る子どもたちは、お母さんのお腹にいるときから虐待を受けている子どもが多いので、胎児のときからの〝育て直し〟をします」と聞いて、びっくりしたことがある。

胎児は母親のお腹の中の羊水を自由に泳ぎながら育っていく。ところが、母親が暴力を受ける環境の中で生活していると、いつも緊張している。この緊張が母親のへその緒を経て胎児に伝わる。すると、胎児は安心して羊水の中で育つことができない、ということだった。

「赤ちゃんは何にも気付いていないから」と思う大人が多いが、決してそうではない。胎児から三三カ月（妊娠してから満二歳まで）の間に暴力環境下に育つと、その後の子どもの成長にも大きな影響を残すとされている。

神奈川県警が被害少年への支援を充実させるためにと一九九八年に発足させた「少年相談・保護センター」の神奈川県少年心理相談研究会編の「ヘルプ！――被害少年支援の軌跡」（立花書房）の中にも、「横暴な男性」と「我慢する女性」の夫婦間のドメスティック・バイオレンスの両親の下で育った不登校の男子中学生がでてくる。母親は子どもへの父親の暴力も止めに入ることができず、止めに入れば自分も夫から暴力をふるわれてしまう中で、子どもとも夫ともきちんと向きあえない事例である。結果的には、相談室を通して父親の態度が変わり、子どもも進路を前向きに考えられるようになったと書かれているが、父親の子どもや妻に対する暴力については、それが子どもや妻への人権侵害であるという指摘は記述されていない。

二〇〇一年三月一九日付けの新聞は、横浜市の一四歳（中学三年）の少女が、二九歳の義父の暴力を恐れ、アパートに灯油をまいて火を付け焼き殺そうとしたとして放火と殺人未遂容疑で逮捕されたと報道している。

記事を読むと、日頃、四四歳になる母親にも暴力をふるい、彼女にも髪を引っぱったり、灰皿を投げつけるなどの暴力をふるって「お前なんかいなくてもいい」と怒鳴っていたという。学校にも二日に一回しか行かせていなかった。

新聞の論調（毎日新聞）は、一九九八年の千葉県の当時一四歳の男子中学生が同級生とダンベルで父親を殺した例や、一九九九年の名古屋市の当時一五歳の少年が義父を包丁で刺して殺した例などをあげて、その背景に酷い子ども虐待があったことを指摘して「虐待から逃れるために」と書かれているが、もう一つのドメスティック・バイオレンスが、その背景にはなかったのだろうか。

今回の事件も、母親が義父の携帯電話を壊してしまったので義父から何をされるかわからないからと、母親を近くに住む一八歳の姉のところへ逃がしてから行動に出ている。

ドメスティック・バイオレンスは、夫・恋人から女性への暴力だけではなく、子どもへの虐待を

「義父殺そう」と放火

14歳少女、暴力恐れ…

横浜の自宅

殺人未遂容疑で逮捕

義父を殺害しようと、アパートに灯油をまいて火を付けたとして、神奈川県警金沢署は18日、横浜市金沢区に住む市立中学3年の女子生徒(14)を放火と殺人未遂容疑で逮捕した。女子生徒は義父から暴力を振るわれていたといい、調べに対し「義父は自分勝手な人。殺そうと思ってわざと火を付けた」などと供述しているという。

義父を殺害しようと女子中学生が火を放ったアパート＝横浜市金沢区で18日午後４時45分ごろ

調べでは、女子生徒は同日午前1時25分ごろ、木造2階建てアパート（5世帯入居）の自宅1階に灯油をまいて火を付け、2階で寝ていた義父(29)＝会社員＝を殺害しようとした疑い。

自宅は全焼し、隣室の1階が全焼、2階が半焼した。女子生徒は、義父と母(44)、小学校4年の弟(10)との4人家族で、出火当時は義父だけが自宅にいたが、熱さで火事に気付き2階から飛び降りて逃げた。他の入居者も無事だった。

女子生徒の供述などによると、義父と母は1995年に再婚したが、義父は3年ほど前から女子生徒の髪を引っ張ったり灰皿を投げつけるなど暴力を振るい始め、「お前なんかいなくてもいい」などと怒鳴るようになったという。

17日は、午後10時過ぎに義父が就寝した後、母が義父の携帯電話を壊してしまったことから、「ばれたら何をされるか分からない。（近くのアパートに住む）姉のところに行ったほうがいい。自分が話をつける」と2人で相談、母を外に出したところで、女子生徒が自宅裏からストーブに使う灯油を持ち出し、1階に火を付けたという。

女子生徒は母とともに、姉(18)のアパートの近くにいるところを金沢署員に見つかり、「自分がやった」と認めたため、緊急逮捕された。

「家庭の事情」で登校2日に1回

校長らによると、女子生徒は家庭の事情を理由に、3年間を通して2日に1回程度しか学校に来られない状況だった。そのため、担任が家に訪問したり、母親を学校に呼び出すなどして相談に乗っていたという。副校長は「学校玄関に飾ってある熱帯魚の水槽洗いを進んで手伝ってくれるなど、気持ちの優しい子だったのに」と肩を落とした。

相談できる大人、周囲になく

親からの暴力、別途に立件を

虐待された子供が加害者の親などに反撃し、事件になったケースは、1998年3月、千葉県四街道市の中学2年の長男(当時14歳)が、女友達をめぐって無職の父親（当時41歳）が暴言を吐いたのをきっかけに、同級生と一緒にダンベルなどで父親を殴り、殺害▽99年3月、名古屋市熱田区の中学3年の少年（当時15歳）が、義父（当時51歳）をゴルフクラブでめった打ちし、包丁で背中を刺して殺害――などの例がある。

千葉県のケースでは、この長男は1～2歳のころ、ベッドから持ち上げて床に落とすなどの虐待を父親から受け、その後も殴るけるの暴行が繰り返された。千葉家裁は同5月、「父による暴力などがあり、同情の余地はある」と一定の情状を認める一方、「犯した非行の重大性を直視する必要がある」として、初等少年院送致を決定している。

名古屋市のケースでは、事件の6年前に母親と再婚した義父から「お前がいるとうっとうしい」などといわれて無視され、義父から母親への暴力もあった。名古屋家裁は「義父から徹底した無視など心理的虐待を受けていた」と家庭内でネグレクト（無視）があったことを認定。少年は少年院送致となった。

虐待問題にくわしい津崎哲雄・佛教大教授（児童福祉）は、「虐待から逃れるために子供が放火したケースは聞いたことがない。少女は、若い義父に凶器や直接の暴力で立ち向かうことができなかったのだろう。少女の供述通りなら、母親に解決能力がなく相談できる大人が周囲にいなかったのではないか。母親を逃がしてから実行するほどの判断力があるのだから、逃げ込める相談機関を知っていれば自らを追い込まずにすんだはずだ」と話す。

「子どもの虐待防止ネットワーク・あいち」の多田元弁護士は「少女への傷害や暴行があったのなら、別途に立件されるべきだ。親などからの暴力で受ける心的外傷は、以前は裁判でも単純な情状事由とされるだけだったが、現在は減刑や保護処分を判断する材料となりつつある。裁判では、背景に虐待被害があることを踏まえ、少年の行為を客観的に評価する必要がある」と話す。【児童虐待取材班】

（『毎日新聞』2001年３月19日付）

伴っていることを私たちは見逃してはいけない。

そして、ドメスティック・バイオレンスのある家庭で育った子どもたちが、間接的にも直接的にも子ども虐待を受けた末に、少年犯罪にまでたどってしまうことも多い。

アメリカでは、犯罪にかかる経費の三分の一が、こうしたドメスティック・バイオレンスと子ども虐待によって占められていることが判明し、大きな社会問題として取り組む一つにもなっている。また、一九九六年には、アメリカの最高司法裁判所は、子どもの監護権の付与を決定するさいには、裁判官が、子どもに対するドメスティック・バイオレンスの影響についての事実認定書を作成しなければならない、としている。

私が取材した多くの女性たちが、夫・恋人からの暴力からのがれるきっかけになった一番の原因は、「子どもたち」だったと語った。

「このまま家庭に居続ければ、子どもたちの心も身体もめちゃくちゃになってしまう」と考えたから、と答えている。だから、離婚の際にも子どもの養育権を取るために、夫からの慰謝料も養育費も「いらないから、別れてほしい」と主張してしまった、と。

そして何より恐しいのは「夫から暴力を受け続けていると、子どもに当って、知らず知らず子どもを虐待してしまっている自分を発見したときです」と語っている。

ドメスティック・バイオレンスの下に育った子どもたちは、「父親への憎悪・恐れ」や「性格・情緒の歪み」から、「子ども自分が他人に暴力をふるうようになった」という、東京都の調査結果を見ても、夫・恋人からの女性への暴力は、最大の子ども虐待といえる。

第八章　暴力のない社会をめざして

まず、安全な場所へ

夫・恋人からの暴力の怖さは、殴る、蹴るなどの「身体的暴力」だけではなく、話しかけても無視する、怒鳴るなどの「心理的暴力」、仕事や友人たちからも遠ざける「経済・社会的暴力」、そして女性の大切にしている物を壊すなどする「物的暴力」、むりやりにセックスしたり、避妊に協力しない「性的暴力」などを伴うため〝心身ともに〟被害者はダメージを受ける。

それも、ドメスティック・バイオレンス・サイクルと呼ばれる、暴力が爆発したかと思うと、突然に〝優しい夫と、優しいパパ〟に変身し、ごめんねとあやまる。しかし、それが永久的に続くのではなく、またイライラが溜まると暴力が爆発する。この繰り返しの中で、女性は途方にくれているうちに除々に自立心を失っていく。

しかし、いままでは、「気が短く、すぐ感情的になり、頑固で幼いところがある」男性として、誰もがこれを認め、その操縦（対応）をうまくやるのが女性（妻、恋人）だと思われてきた。

夫の暴力から実家へ逃げ帰っても、「うちのお父さんもそうだった。男というものは、自分の気に入らないことがあると妻に暴力をふるうものだよ。あなたも少しは大人にならなければ」という母親の言葉を聞いて、また、夫の許へもどった、という話も取材の中で多く聞いた。

夫・恋人からの暴力は、妻・女性への愛情のあらわれ？ であるかのような男性優位社会の文化は、いまも生き続けている。

私は、一九八六年に神奈川県立女性センター（当時、婦人総合センター）でワークショップを開いた時に、講師として、当時井上ひさし氏と離婚したばかりの井上好子（西館好子）さんを招いて司会役をつとめたことがある。

彼女は、参加者の前でスカートを持ち上げて、殴打のため点々と黒ずんだ傷跡を見せ、上衣の袖をまくり上げて腕にも残る傷跡をさらしながら、夫からの暴力の証拠とともに、結婚生活と暴力との関係を淡々と話した。当時は、ドメスティック・バイオレンスという言葉はなく、夫の暴力と夫の社会的地位についても、それはそれとする風潮が強く、逆に暴力をふるわせる妻の側の責任が問われるような書き方のマスコミの論調がほとんどだった。

私は、たまたま暴力のない環境下に育ったため、彼女の話には衝撃を受けたが、その夫婦間暴力についてはは正しく理解することはできなかった。それ以後、彼女の活躍を知るにつれ、いつか、二人の間のことが冷静に語れるときがくるのではないかと思ってきた。

一九九八年、彼女、西館好子さんは小説というかたちで井上ひさし氏との過ぎた歴史を書いた本を著した。『修羅の棲む家』（はま出版）である。彼女の話を聞いてから一二年が経っていた。そして、今回ドメスティック・バイオレンスについて書く中で、もう一度読み直してみた。すると、井上ひさし氏と彼女の間にあった夫婦間暴力は、まさにドメスティック・バイオレンスそのものであることに気付いた。

夫である井上ひさし氏は、その成育歴の中に養護施設で暮らしたことはよく知られているが、作家となって成功したひさし氏と母親との関係は、まさに母子密着型で息子を「神」としている。そして、作家という職業だから「作家というのは、子ども、それも精神の一部はまるで幼児。そんな純粋なものがないと、ものなんて書けませんものね」という編集者の言葉が出てくるが、ひさし氏の妻への暴力は、「死ぬほど打ちのめす」ことが、書くという仕事に入る前の〝行事〟（儀式）となって、それがまた編集者たちから「今夜までに（原稿を）いただかないとアウトなんですよ。お願いですから二、三発殴られてもらえませんか」の言葉になる。

そんな彼女が夫・ひさし氏に離婚を申し出た以後の暴力は「まるで狂った狸におそわれるように、あちらこちらから滅茶苦茶に手がとんできた。イスにぶつかりベッドに押しつけられ、机の下で首をしめられる。好子はとっさに顔をかばった。ここで殺されるにしても顔と頭は最後まで正気でいたかった。逃げれば追ってくる。声など出ようがない」そして、最後に彼女が家を出る時は「顔は、顔はどこにいってしまったのだろう。まぶたが腫れて眼があかない。頭はガンガン、耳は鳴りやまない遠くの耳鳴りを聞いている」という身体で、血を流している彼女に驚いたタクシーの運転手の「病院へ行きましょう！」という声に、彼女は「いいんです、夫婦喧嘩ですから」と答えて、劇団員の西館氏のアパートへ向かっている（『修羅の棲む家』から）

「夫婦ゲンカですから」という彼女の言葉に、いままでの家庭内における夫、恋人からの暴力が、いかに容認され、社会的風土となっていたかがわかる。そして、妻への暴力を糧にして仕事をする男たち。ドメスティック・バイオレンスは、あらゆる家庭の中で存在し続けてきたのである。

「しかし、この夫婦間暴力や女性への暴力にNO！と叫べる時代がわが国でもやってこようとしている。一九九五年に北京で開かれた第四回国連女性会議以後、「女性への暴力」は犯罪であるという風潮は、二〇〇〇年一一月二四日から施行された「ストーカー規制法」にはじまり、二〇〇一年第一五一国会で制定された「配偶者からの暴力の防止及び被害者の保護に関する法律」にまで至る。

まず、夫・恋人たちからの暴力を断ち切るためには、被害者の「安全確保」が第一である。

二〇〇〇年の秋、私は大阪府立女性自立支援センターに取材に訪れた。その時間、二二時間の間に三組の母子が駆け込んできた。一組は警官に伴われて、もう一組は看護婦さんに、そして最後の一組は婦人相談所の職員につき添われて。着のみ着のままの母子もいれば、今度で三度目になる母子は当座の身のまわりのものと保険証も忘れずに持参して。

大阪府立女性自立支援センター（所長　佐久間和久氏）は、従来の婦人保護施設が統廃合されて、一九九七年に開設された施設である。一九九五年六月に制度施行された「男女協同参画基本法」でも、女性への暴力に対する対応が公的機関でも求められており、その充実と必要性がうたわれている。また、一九九九年四月の厚生省（当時）通達「夫等からの暴力により保護を必要とする女性への対応について」でも、「婦人保護事業の実施に係る取り扱いについて」の通知で、「婦人保護及び母子福祉の観点から、夫等からの暴力により保護を必要とする女性に対して迅速かつ適切な対応を行うこと」としている。

簡単に言えば、一九五八年（昭和三三年）四月一日に施行された売春防止法にともなって、それまで売春を業としていた女性などの保護と自立に向けて事業として出発した婦人保護事業も社会の変化とともに「女性への暴力」に対する取組みをするように、ということなのである。

実際には、一九九九年四月一日から施行された「婦人保護施設、短期利用事業実施要綱」には、「緊急一時保護」として「夫等からの暴力により、婦人相談所で一時保護されている女性または母子で夫の追及が激しく婦人相談所では安全保護が困難になった者」としているように、現在、全国の婦人相談所の一時保護所と婦人保護施設には、夫などの暴力を逃れて保護されている女性が多数いるわけである。

とくに、東京、大阪近辺の都市部における婦人相談所の一時保護所はいつも満室であることが多い。なぜなら、地方で夫などからの暴力を逃れて地元の婦人相談所に駆け込んでも、夫からの追求を逃れることが難しいために、都市部の婦人相談所へ移ることが多いからである。

大阪府女性相談センターを例にとると、一時保護所の七室は常に満室であることが多く、「夫等の暴力に関係する一時保護件数」は、一九九七年度（平成九）は、「暴力に関係する一時保護」が、「全一時保護」に占める割合は、五七・一％。一九九八年度（平成一〇）は五四・五％。一九九九年度（平成一一）は五四・九％と、半数以上を占めている。

また、一九九九年度の「夫等の暴力に関する一時保護」の年代も一〇代から六〇代以上にまでわたっている。

一八、九歳	五・〇％
二〇歳代	二八・六％
三〇歳代	三二・一％
四〇歳代	一五・八％
五〇歳代	一一・四％
六〇歳以上	七・一％

このうち、「一時保護」からの「婦人保護施設」への入所は二五・〇％と、四人に一人の割合で一

番多く、次いで多いのは二一・四%の「福祉事務所移送」と「帰宅」。「他府県婦人相談所」への移送は、一一・五%である。

暴力の加害者は、「夫」が約八〇パーセントである。

「現夫」　　　　　五〇・七%

「内夫」（内縁関係）二四・三%

「前夫」　　　　　　二・一%

これを見てわかるように、婦人相談所が「夫等の暴力」から女性を保護する前線基地としての役割を担っていることは誰も否定できない事実である。

大阪府の婦人保護施設である大阪府女性自立支援センターの一九九九年度の一時保護状況を見ても、「暴力関与件数」は入所総数のうちの五五%と、半数以上を占めている。

「配偶者からの暴力の防止及び被害者の保護に関する法律」でも、女性への暴力は、「個人の尊厳」を害し、男女平等の実現を妨げているとして、「通報」、「相談」、「保護」、「自立支援」等の体制を整備することが、暴力の防止および被害者の保護を図ることになるとしている。

そして、第二章に「配偶者暴力相談支援センター」としての機能を果たすための施設として、「当該都道府県が設置する婦人相談所その他の適切な施設」をあげている。

「配偶者暴力相談支援センター」の事業としては、

○　相談に応じ、婦人相談員や相談を行う機関を紹介する
○　被害者の心身の健康を回復させるために医学的、心理学的な指導などを行う
○　被害者または同伴の家族を保護する
○　被害者の自立のためのサポート
などが主なものである。

また、被害者の保護のために婦人保護施設もその役割が求められている。

婦人相談所や婦人保護施設が社会の流れの中でやってきた「夫等からの暴力」から女性を保護する事業が、この法律で成文化されたと言ったらいいだろうか。

しかし、婦人相談所一時保護所が「夫等からの暴力」のシェルターの機能を持つことは、現在のままでは難しいという意見もある。なぜなら、夫・恋人などからの暴力であるドメスティック・バイオレンス（ＤＶ）のケアには専門の職員が必要で、現在のように婦人相談員そのものが売春防止法で非常勤と定められているところから、実際には「自立のための援助を必要とする女性及び母子」のためのサポートだけで手いっぱいであるのに――という声も聞かれる。

また、全国婦人相談員連絡協議会のドメスティック・バイオレンス防止のための立法についての要望書」（二〇〇〇年一〇月作成）も、実際には婦人相談員が「夫・恋人からの暴力」だけではなく、「強姦」や「性的虐待」「ストーカー被害」「強制売春」などにも相談・援助をしているところから

「女性への暴力」全般のサポート機能を持たせるように、等の要望が出ている。

今後、婦人相談所が「配偶者暴力相談支援センター」の役割を担っていくためには、

○ 二四時間開設の相談窓口

○ センターには、医師（精神科、産婦人科）、弁護士、女性に対する暴力の専門的知識を有するスタッフの配置。警察官の常駐。

○ センターと、地域の警察、福祉、医療などとの連絡調整システム。

なども必要だろう。

そして、女性への暴力被害者を安全に一時保護するシェルターとして、婦人保護施設や母子生活支援施設（元母子寮）の公立施設だけではなく、民間シェルターなども複合して、もっと数多くの女性（と子ども）のための公民シェルターが設置される必要がある。

私がこの取材で知ったことは、夫などからの暴力で安全を求めてシェルターへ逃げて来た女性たちが、実は平均すると「三―五回」（アメリカでは平均八回）、家へもどる、ということだった。どうしてなのか、私だけではなく疑問に思われる方も多いだろう。その理由は「夫から離れて独立していく自信がない」、「子どもをつれて今後、生活していけるだろうか」、「社会は、私を受け入れてくれるだろうか」また「私が逃げたことで、私の実家や親族に迷惑をかけていないだろうか」、「見つかって連れもどされたら、今度こそ殺されてしまう！」、「子どもには、やはり父親が必要だから」、「暴力をふ

るわないときの夫は、とても優しかった……」、「私が努力すれば、きっとうまくいく」等々である。

心理的暴力や経済的暴力を長年にわたって受けてきた被害者の女性たちは、「自尊心」や「自立心」を失っている人たちが多い。それでも、自分自身への暴力、子どもたちへの虐待などに怒り、勇気をふるい起して家を出たものの、やはり「家に（夫・恋人のもとに）もどったほうがいいのではないか」「今度こそ、やり直しができるのではないか」などと心を揺らし、また暴力をふるう加害者のもとへもどる。

私が大阪府立女性自立支援センターを訪れていた二時間のうちにも、入所してきた三組のうち、一組は二度目で、職員の方から「今度は健康保険証を持って出てきたのね。上出来！　上出来！」と声をかけられていた。また、一組の退所者は夫のもとへ帰る女性だったが「いつでも、大変なときは電話してね。また、ここへもどって来ていいのよ。今度、家を出てくるときは、自動車の免許証を忘れないでね」とアドバイスを受けていた。

担当の職員は、「こうして何度も、家を出たり、もどったりしているうちに、これ以上状況はよくならないということがわかってきて、最後は本当に自立へ向けての道を歩み出す人がほとんどなのです」と。

「女性への暴力」は、まず被害者を安全な場所へ。そして、被害者自身が自分の選択で自立への道を選ぶことができるように、気長にサポートしていくことがシェルターの大きな役目である。しかし、女性によっては、成育歴上、社会へ踏み出すことへのハードルが高い人たちもいる。

「一六歳で風俗の世界に入り、一八歳で結婚した相手がヒモと呼ばれる暴力団関係の男性。三人の子どもを産んだのだが、夫からの暴力があまりにも酷いので離婚。しかし、再婚相手は、また前夫と同じ理由で離婚。七人の子どもを連れて婦人保護施設へ入所。子どもたちは児童養護施設へ。彼女が自立へ向けての新しい道を歩むことは、彼女が生きてきた世界の外へ出て行くということで、これは本当に難しいケースですよね」という、ある施設での職員の話に、配偶者暴力防止相談センターがこれから担う役割の大変さの一端にふれた思いだった。

それにしても、夫などからの暴力が「女性の尊厳を傷つけるもの」として定義付けられた法律ができたということは、歴史の第一歩として大きな意義あるものである。そして、その暴力から被害者を「安全に保護する」ことも法律で保証されたということだけでも、八〇年代末に私が井上ひさし氏と離婚されたばかりの西館好子さんとの出会いのことを思い出し、感無量である。

暴力をふるわない男性に

「配偶者からの暴力の防止及び被害者の保護に関する法律」で、当然のことではあるが、「配偶者からの暴力は、犯罪となる行為である」とされたことは、実に大きな女性運動の成果と言っていい。

アメリカやヨーロッパなどからすると二、三〇年は後発だが、やっと日本でも、夫・恋人などからの女性への暴力を犯罪とする法律ができたことは、「女性の人権」を侵害する暴力が社会的に許されるものではないことが成文化されたことは、本当にうれしい。一九九八年九月にシンガポールで開かれた「家庭暴力世界会議」に参加した私は、国外の多くの参加者から「本当に日本では、女性や子どもなどへの暴力を防止する法律がないのか」と問われ、返答に困ったことを思い出す。アメリカのミズーリ州からのある参加者の女性がわざわざ、私たち日本からの参加者たちのところへやってきて、休憩時間に一九七六年に州議会で女性への暴力を防止する法律を制定させた経緯を話してくれたことを思い出す。

しかし、「配偶者からの暴力の防止及び被害者の保護に関する法律」は第一歩でしかない。なぜなら、配偶者（男性）から暴力をふるわれた被害者の女性の「保護」と、加害者である男性への「保護命令」しか、明記されていないからである。

「保護命令」とは、被害者が更なる暴力を（配偶者などから）加えられ、「その生命ま身体に重大な危害を受けるおそれが大きいとき」は、それを防止するためにに被害者の身辺につきまとったり、はいかいすることを六ヵ月間、禁止する。また被害者と共に生活していた場所（住居）から二週間、退去することである。

ドメスティック・バイオレンスと呼ばれる夫・恋人からの女性への暴力の加害者は「男性」で、被害者は「女性」であることは確かなことであるにもかかわらず、まず、ＤＶに関する法律は、どこの国でも「被害者の保護」から始まる。そして気付くのである。加害者である男性が暴力をふるわなければ、この夫・恋人からの暴力は防止できることに。

第七章でも、アメリカや韓国の例として紹介したが、現在、女性への暴力防止法先進国では、加害男性への暴力コントロールなどを教育するプログラムの研修を男性に課している。

世界的には、一九九三年にカナダで始まったホワイトリボン・キャンペーン（男性による性暴力防止活動）は、日本でも二〇〇〇年一一月に、男性の市民グループが複数集まって「非暴力リボンキャンペーン(1)」を始めたように、男性たちからの「女性への暴力はしない！」、「女性への暴力に沈黙しない！」、「女性たちへの暴力はいけないことを意志表示する」という運動を巻き起こしている。

私が住む横浜市でも、横浜南ロータリークラブ(2)が二〇〇〇年一一月に市内で「経済人・職場・男性のための『女性に対する暴力』シンポジウム」を開催した。参加者は約一三〇人で半数以上を男性参加者が占め、話題を呼んだ。

少しずつだが、「女性への暴力」について男性からの関心がわが国でも生まれ始めているといえるだろう。

では、なぜ、男性は女性にたいして暴力をふるうのだろうか。

ホワイトリボン・キャンペーンを始めた一人であるマイケル・カウフマン博士は、二〇〇一年春の

このリボンをつけて下さい。
あなたは以下の3点を表明する事になります。

[“私は女性に暴力をふるいません”
“私は女性への暴力を見過ごしません”
“私は女性への暴力について考えます”]

●ドメスティック・バイオレンス（DV）という言葉を知っていますか？

DVとは、夫や恋人といった“親密な関係”にある男性が女性に対してふるう暴力のことです。殴る・蹴る、物を投げる、大切な物を壊す、無視をする、ののしる、言葉で脅す、性行為を強要する、避妊に協力しない、生活費を渡さない、「食わせてやっている」と言う、仕事や社会活動を制限・妨害する、行動を監視するなどの行為すべてがDVに含まれます。DVは「家庭内の夫婦喧嘩」などと見過ごせるものではありません。DVによって、女性の人生は夫・恋人に支配されてしまいます。リボンをつけることで、DVについて考えるきっかけを持って下さい。「女性への暴力は犯罪だ」という認識をあなたの周りの人へ伝えて下さい。そして、あなたも、暴力で他人を支配したりコントロールすることを放棄して下さい。このリボンは主に男性が着用するためのものですが、もちろん女性がつけても構いません。

あなたのパートナーや友だちにも、このリボンキャンペーンを紹介して下さい。

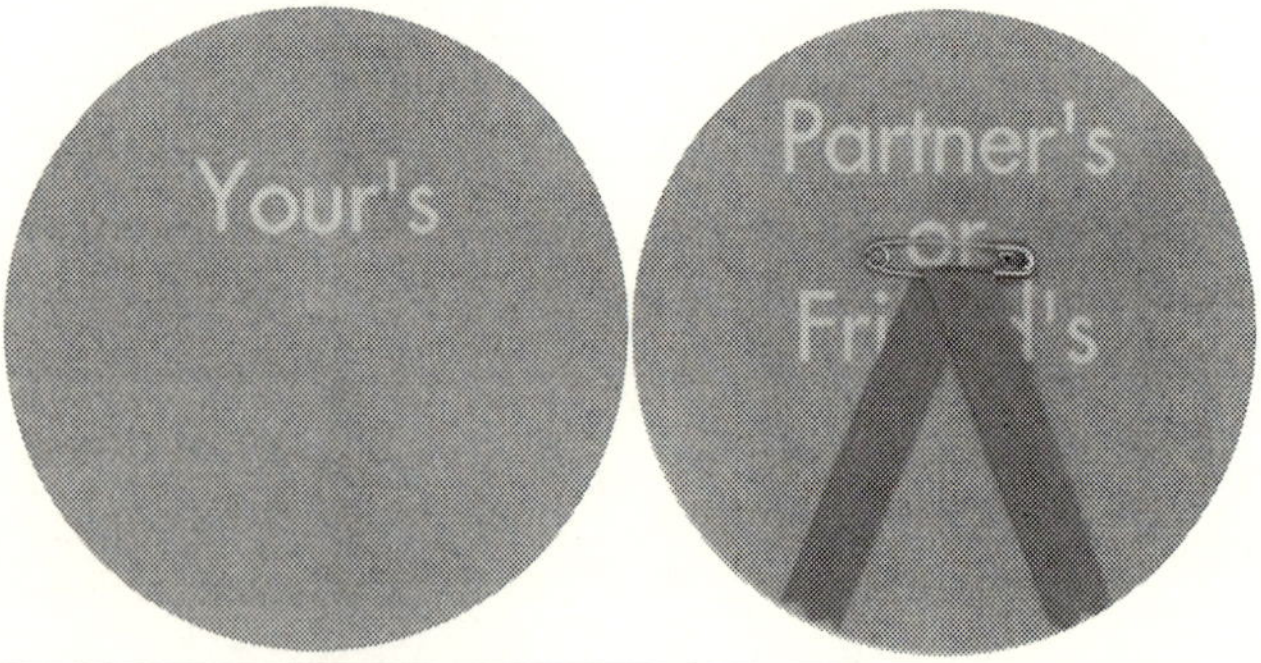

「非暴力リボンキャンペーン」のパンフレット

来日講演で七つの理由（七つのＰ）をあげて説明している「家父長制の力」、「特権意識」、「（社会的）容認」、「男らしさの心理的圧力鍋」、「過去の経験」である。

日本でも、岩波ブックレットNo・四九四「ドメスティック・バイオレンス―男性被害者の暴力克服の試み―」（草柳和之著）が出ているが、日本では妻や恋人たちへ暴力をふるう男性の調査研究が始まったところで、草柳氏も「おわりに」の中で、「私たちは『愛情表現としての暴力が存在する』という幻想を捨てなければならない時期にきている」と述べ、いままでの文化が「対等のパートナーシップを建設していくための文化」ではなかったことを明らかにしている。

有史以来といっていいだろうか。私たちは男性優位社会の中で生きてきた。男性は「強くて、社会や家庭の中でもリーダー的役割を担う」といった文化の中で育ち、女性は「優しく、男性をサポートして、家事や子育てを主にする」といった役割文化の中で生活をしてきた。

家の外で闘う男性にとって〝暴力〟という力は、自分のアイデンティティーを支えるものであり、家庭内では、女性によって支えられている存在であった。国と国の争いであっても、常に力を誇示し、力で征服しあうことが正義という名の口実だった。だから、家庭内においても、その〝平和〟は対等な人間関係ではなくて、家父長制と呼ばれる力を持つ男性によるピラミッド型が良しとされてきたのである。「暴力による支配」。この図式は、国と国の関係から人と人の関係にまで深く潜入し、私たちが意識するしないにかかわらず、長い間、私たちの思考の根底となってきた。この中で「男は男らしく」、「女は女らしく」がつくられてきたのである。

よく人間は本能的に暴力を好む、という言い方がされるが、闘争本能や暴力支配は人間が生きていく上で学習して会得したものである。太平洋などの小さな島で争うことの少ない部族では、男女間における暴力はおこらないと言われている。

暴力が支配の道具に使われる社会においては、支配される側の要求が支配する側の度量の範囲内であれば許されるが、その範囲を越えると暴力がすぐさま使用される。女たちは、長い歴史の中に、男性の支配の下、暴力がふるわれないように生きてきた。

しかし、社会の近代化は、暴力のみを有効としない社会構造を生み出した。機械化もその一つである。それと共に女性の社会進出は始まり、女性も社会の中で発言権を行使し始めた。かつて、家庭の中でしか居場所がなかった女性たちが、家庭の外でも生き始めたのである。

男性たちは長い間、暴力支配という構造の中で、自分の感情を素直に表現する能力が養われず、家庭の中でも「家長」、「夫」、「父親」という上下関係の上位の位置に安穏としてきた。

また、いままで家庭の中で、暴力で妻を支配してきた父親を見て育った息子たちは、愛情さえも暴力で表現していいのだと学習し、暴力を日常生活の愛情表現として再生産する。

暴力をふるう男性には、さまざまなタイプがある。

一つは、暴力を支配の道具にする家庭環境の中で育った男性たちは、その後の学習で反面教師として暴力を支配や愛情表現の一つにはしないタイプと、無意識のうちに暴力を支配の道具や愛情表現の一つにしてしまうタイプにわかれる。後者は、親からの子ども虐待を受けた息子のタイプに多くみられるといわれている。

二つ目は、家父長意識が強く、「男は外、女は内」という性別役割意識が大きい男性で、女性が自分の思考の許容範囲を越えると、暴力でそれを阻止しようとする男性たちである。だから、リストラをされたり、家の外での役割が低下すると、男意識を逆なでされたかのように考え、暴力という力で妻や子どもを支配して自己の優位制を確めるタイプである。家の外ではセクシャル・ハラスメント行為を繰り返すことで男性優位を保とうとする。

三つ目は、性別役割分業の濃厚な中で、生きがいを息子に求める母親の下で育てられ、母子分離ができない男性たちである。一般的に日本の男性は多くマザー・コンプレックスなどと言われるが、母親の支配から逃れられず、妻や子どもたちを愛しているが母親からも自立できず、妻に暴力をふるうことでかろうじて自分のアイデンティティーを保とうとするタイプである。この場合、同年代の女性とは関係を持つことに困難を感じるため、ずっと年上か年下の女性との関係を持つことが多い。

四つ目は、ユング心理学で言うところの「永遠の少年」の男たちである。社会的にきちんと向き合うことのできない男性たちで、常に夢を語り、努力して一つのことを成しとげるということもせず、常に社会や家庭のせいにして生きる男性たちである。このタイプが求める女性は、いついかなる時も自分を優しく許容してくれるタイプの女性で、暴力をふるった後も、自分を捨てないでくれ！ と執ように迫まり、別れた後もストーカー的行為を繰り返す、大人になり切れない男性たちである。

以上述べた四つのタイプは、交互に交差し複合しあっている。

これは、私がこの一年余り、夫や恋人からの暴力を受けている女性たちを取材して、その相手の男性たちのタイプを私なりに分析したものである。

とくに、暴力が執ようで陰湿なのは、後の三つ目と四つ目のタイプが複合し、二つ目の意識が強い男性のような気がした。

基本的に、男性が女性に対して暴力をふるわないようにするためには、一言で言えば「男女平等意識」を持つことである。尊敬する女性に暴力をふるう男性はいないのだから、女性も男性と同じように人間として尊厳を持つ一人の独立した人であるという考えを持つことが大切になる。

そして、「社会的な男女平等の達成」も、女性への暴力を防止する大きな要因の一つとなる。政治の場への参画だけではなく、経済的平等が達成できるような社会環境の整備なども早急に取り組む必要がある。これは男性、女性ともに価値観の変換へ向けて努力が必要となる。もちろん「男は仕事、女は家事・育児」の性別役割分業の社会をなくしていくことも重要である。

最後に、「暴力によるコントロール」は、決してよい人間関係をつくらない！ という社会的価値観の育成が最大課題である。このために、あらゆる教育の場でこのことを訴えていく必要がある。

暴力のない社会に

二〇〇〇年一一月からの施行の「児童虐待の防止等に関する法律」、そして、二〇〇一年四月に成立した「配偶者からの暴力の防止及び被害者の保護に関する法律」によって、子ども・女性への暴力を防止する法律が日本でも整備されたわけである。

法律が制定、施行されたからと言って、すぐに子ども虐待や女性への暴力がなくなるわけではない。しかし、確かにいえることは、法律は大きな抑制力の一つになる！　と言うことである。これは、アメリカや韓国の例を述べながら第六章で述べたが、法律は社会の規範となるものであることを忘れてはいけない。

いままで日本でも、子どもは親の所有物として、妻は夫のものとして考えられてきた歴史が、二〇世紀前半まで続いてきた。作物が不作であったり経済的恐慌がくれば、子どもは役所ぐるみで売りに出されたり、女性も家族を救うために性産業に売られたりした。こんな事実は第三世界ではまだまだ続いていて、子どもたちは、人身売買で、「子ども買春」者に買われ、その数はアジアだけでも約一〇〇万人にのぼるといわれている。

家庭の内外で、子どもや女性はものとして扱われ続けているといったほうがいいだろう。

だからこそ「女性への暴力」は犯罪である、という法律制定が世界の各国で進んでいることは、女性の人権にとっては画期的なことなのだといわねばならない。

「配偶者からの暴力の防止及び被害者の保護に関する法律」の中でも、第二十四条に〔教育及び啓発〕として、夫などからの身体的暴力と同様に心身に有害な影響を及ぼす言動を許されないものとして理解を深めるよう、国や地方公共団体は、その教育と啓発に努めなければならないとしている。

家庭内にとどまらず〝女性へのあらゆる暴力は女性の人権侵害である〟という啓発、教育は、国や地方公共団体だけではなく、マスメディアにおいても取り組まなければならない課題である。テレビや映画にみる女性への暴力やレイプシーンなど、今日あふれんばかりに毎日報道されていることに、私は危機感さえ感じている。コミック雑誌などの暴力賛美、女性への暴力的セックス画像は目に余るものがある。報道の自由と芸術に名を借りた女性への暴力肯定は、自主的な倫理規定として排除してもらいたいものである。

また、女性への暴力について、その被害者への調査も一九九七年の東京都の調査から始まったところであるが、女性への暴力をふるう男性の調査、研究も早急に進めてもらいたい課題である。今回の法律の第二十五条でも〔調査研究の推進等〕として、「国及び地方公共団体は、加害者の更生のための指導の方法や、被害者の回復のための方法に関する調査研究や、その他被害者に係る人材の育成」などをうたっている。

諸外国でも、法律ができると同時にさまざまな女性への暴力に関する調査、研究とともに、専門家の育成が行われている。スウェーデンでは、一九六五年に「婚姻間のレイプ」が禁止され、一九九五年の北京会議も夫婦間レイプの問題が取り上げられ、世界的には欧米では多く、望まぬ夫婦間セックス（一方が望まない場合のセックス）はレイプに当たるとしている。

家庭内における女性への暴力は、決して殴る、蹴るなどの身体的暴力だけではなく、夫婦間レイプを含む性的虐待の問題についても、いままでの慣例を打ち破る男女間の平等な関係の生活様式化を創り出さなければならない。

このことは、家庭を含めて社会全体が、上下関係ではない、お互いの違いを大切にしながら尊敬しあえるような男女関係を生みだす新しい文化を創出することが、これからを生きる人たちに求められている。

何より私が望みたいのは、「暴力のない家庭や社会で子どもを育てたい！」ということである。家庭の中で暴力を見たり、社会の中で暴力を賛美する考えにふれたりすることで、子どもは知らず知らずに〝暴力〟を受け入れる人間として育っていく場合が多い。第七章でも述べたが胎児から二歳くらいまでの間に暴力環境下で育つと、その後の成長に大きな影響がでてくるとさえいわれているのだから。

配偶者からの暴力についての法律制定で、「ドメスティック・バイオレンスは犯罪である」という社会的規範が拡がることを心から望みたい。

でも、何より、暴力を受けている女性が暴力から一日も早く逃れて安全な場所へたどりつき、心身ともに癒され、次へのステップを歩み出してもらいたいと願ってやまない。そのために、もっと多くの公共の相談窓口と、民間シェルターを含めての安全な場所が各地域に設置されることを切望している。法律でも、第二十六条で〔民間の団体に対する援助〕として、女性への暴力に関する民間団体への必要な援助をうたっている。

注

（1）「非暴力リボンキャンペーン」

日本のリボンキャンペーンは白色のリボンではなくブルーのリボンである。日本では同性愛を差別しない運動として白色のリボンが使われているためにブルーを選んだ。このリボンをつけて下さい。

あなたは以下の三点を表明する事になります。

〝私は女性に暴力をふるいません〟

〝私は女性への暴力を見過ごしません〟

〝私は女性への暴力について考えていきます〟

非暴力リボンキャンペーン実行委員会

〒163―8691　東京都新宿郵便局私書箱二〇一

「DV防止プロジェクト」気付

（2）「横浜南ロータリークラブ」
「経済人・職場・男性のための『女性に対する暴力』シンポジウム」の記録報告書が出ている。
〒231—0037　横浜市中央区富士見町二一六
コルニッシュ横浜

おわりに

一九九八年にシンガポールで開かれた「家庭暴力世界会議」に参加したのをきっかけに、一九九九年に『高齢者虐待』を、二〇〇〇年に『子ども虐待』の本を出した私は、ドメスティック・バイオレンスと呼ばれる妻や恋人への暴力『女性への暴力』を書き上げた現在、言えることは家庭の中に〝最後の植民地〟が存在しているということである。

「法は家庭に入らず」という古くからの日本の考えと、「妻は夫のもの」とする家父長的な思考が家庭内女性の人権を侵害する〝暴力〟を温存してきたと言える。

文中で何度もふれたが、私が家庭内の暴力で「女性への暴力」を最後に選んだのは、夫からの暴力に対して〝妻はなぜ逃げないのか〟という疑問が心の中でずっとくすぶっていたからである。しかし、参考資料を読み、取材を始めて知ったのは、ドメスティック・バイオレンスにはDVサイクルと呼ばれる「暴力のサイクル」（暴力爆発期——ハネムーン期——イライラ期）があり、そのDVサイクルは徐々にまわり始めるため、暴力をふるわれても、その後の許しを求める加害者の優しさについ〝自分も悪いのではないか〟と思ってしまう。また、被害者の女性が友人や親族に相談しても「あなたの対応が悪いからじゃない?」と言われてしまうことが多い。しかも加害者の多くは社会的に認められていて、人あたりのいい男性で「年齢」、「学歴」、「収入」、「職業」に関係ない。

恐ろしいのは、ドメスティック・バイオレンスは、暴力を受け続けるうちに自立心や自尊心が消え去り、〝暴力のオリ〟の中で孤立して自己破壊をおこしていくことである。つまり、暴力を受け続けている女性が〝逃げない〟のではなく、〝逃げられない〟状態に追い込まれていくのが、この暴力の特徴なのである。そして、この女性への暴力は子ども虐待へとつながり、将来的には高齢者虐待へまで〝虐待の連鎖〟となっていく。

ところが、この女性への暴力は、一九九九年に総理府(現・内閣府)が実施した調査によると、約二〇人に一人の女性が「生命の危機を感じるくらいの暴行を受けた」と回答している結果からも、決して特殊な事例ではないのである。まさに、女性の人権を侵害するDVは社会問題として大きく取り上げられなければならない課題なのである。しかし、この四月六日に国会でDV防止法の「配偶者からの暴力防止ならびに被害者の保護に関する法律」が成立したことは、うれしい限りである。中味については不十分な点もあるが、それは今後の見直しに譲るとして、ともかく配偶者(事実婚、前配偶者も含む)からの暴力は犯罪行為である、と明言した法律がわが国でもできたことは画期的なことである。

横浜弁護士会元会長の横溝正子氏も、二〇〇〇年一一月から施行された「児童虐待の防止等に関する法律」に続くこのDV防止法は、ようやく「法は家庭に入らず」に終止符が打たれる状況になったと神奈川新聞（二〇〇一年五月一一日付　辛口時評）紙上で述べている。その意味でも〝最後の植民地〟である家庭に、人権の光が入ることになったことに、私は期待をしている。

二〇〇〇年夏から取材に入って書き上げるまで、今回も多くの方々のご協力を得た。

横浜市鶴見区にある曹洞宗大本山総持寺の月刊誌「跳龍」の連載〝風に揺れながら〟にはDVについて六回にわたって書かせていただき、この本の中にも一部引用させてもらった。また、神奈川県社会福祉協議会の福祉資料室には『高齢者虐待』『子ども虐待』に続いて、DV関連の資料を提供していただいた。取材では、大阪府立女性自立センターの佐久間和久前館長や前東はぎ子氏はじめ職員の方々、大阪府女性相談センターの方たち。とりわけ、DV被害者の方たちには、つらい体験を語っていただき、感謝の言葉も言いつくせないほどである。なにより、加害男性についてその助言では、京都大学医療技術短期大学部の菅佐和子助教授には手紙を通じてだったが、私の知らなかった「永遠の少年」タイプの男性についてご教授いただいたことに心より御礼を申し上げたい。

いつものことながら、取材で行きづまり、重いテーマにうちひしがれて落ち込んでいる時など、私の話を聞いて励まして下さった友人たちには、心からありがとうを言いたい。とくに、シンガポール会議へ誘って下さった神奈川県の婦人相談員の長藤葉子さんからは適切な助言をしていただいた。

最後に、DV法の国会審議などの情報を教えて下さった参議院議員の千葉景子氏の秘書孝寿苑子さん、新評論の二瓶一郎氏にも出版の労をとっていただいたことに感謝を申し上げたい。

この本が、いままで隠されていた「女性への暴力」について、少しでも多くの人に知っていただく一助にでもなればと願っている。

二〇〇一年五月

いのうえせつこ

資料　配偶者からの暴力の防止及び被害者の保護に関する法律

第一章　総則

（定義）

第一条　この法律において「配偶者からの暴力」とは、配偶者（婚姻の届出をしていないが、事実上婚姻関係と同様の事情にある者を含む。以下同じ。）からの身体に対する不法な攻撃であって生命又は身体に危害を及ぼすものをいう。

2　この法律において「被害者」とは、配偶者からの暴力を受けた者（配偶者からの暴力を受けた後婚姻を解消した者であって、当該配偶者であった者から引き続き生命又は身体に危害を受けるおそれがあるものを含む。）をいう。

（国及び地方公共団体の責務）

第二条　国及び地方公共団体は、配偶者からの暴力を防止し、被害者を保護する責務を有する。

第二章　配偶者暴力相談支援センター等

（配偶者暴力相談支援センター）

第三条　都道府県は、当該都道府県が設置する婦人相談所その他の適切な施設において、当該各施設が配偶者暴力相談支援センターとしての機能を果たすようにするものとする。

2　配偶者暴力相談支援センターは、配偶者からの暴力の防止及び被害者（被害者に準ずる心身に有害な影響を及ぼす言動を受けた者を含む。以下この章及び第七条において同じ。）の保護のため、次に掲げる業務を行うものとする。
一　被害者に関する各般の問題について、相談に応ずること又は婦人相談員若しくは相談を行う機関を紹介すること。
二　被害者の心身の健康を回復させるため、医学的又は心理学的な指導その他の必要な指導を行うこと。
三　被害者（被害者がその家族を同伴する場合にあっては、被害者及びその同伴する家族。次号、第六号及び第五条において同じ。）の一時保護を行うこと。
四　被害者が自立して生活することを促進するため、情報の提供その他の援助を行うこと。
五　第四章に定める保護命令の制度の利用について、情報の提供その他の援助を行うこと。
六　被害者を居住させ保護する施設の利用について、情報の提供その他の援助を行うこと。
3　前項第三号の一時保護は、婦人相談員が、自ら行い、又は厚生労働大臣が定める基準を満たす者に委託して行うものとする。
（婦人相談員による相談等）
第四条　婦人相談員は、被害者の相談に応じ、必要な指導を行うことができる。
（婦人保護施設における保護）
第五条　都道府県は、婦人保護施設において被害者の保護を行うことができる。

第三章　被害者の保護

（配偶者からの暴力の発見者による通報等）

第六条　配偶者からの暴力を受けている者を発見した者は、その旨を配偶者暴力相談支援センター又は警察官に通報するよう努めなければならない。

2　医師その他の医療関係者は、その業務を行うに当たり、配偶者からの暴力によって負傷し又は疾病にかかったと認められる者を発見したときは、その旨を配偶者暴力相談支援センターに通報することができる。この場合において、その者の意思を尊重するよう努めるものとする。

3　刑法（明治四十年法律第四十五号）の秘密漏示罪の規定その他の守秘義務に関する法律の規定は、前二項の規定により通報することを妨げるものと解釈してはならない。

4　医師その他の医療関係者は、その業務を行うに当たり、配偶者からの暴力によって負傷し又は疾病にかかったと認められる者を発見したときは、その者に対し、配偶者暴力相談支援センター等の利用について、その有する情報を提供するよう努めなければならない。

（配偶者暴力相談支援センターによる保護についての説明等）

第七条　配偶者暴力相談支援センターは、被害者に関する通報又は相談を受けた場合には、必要に応じ、被害者に対し、第三条第二項の規定により配偶者暴力相談支援センターが行う業務の内容について説明及び助言を行うとともに、必要な保護を受けることを勧奨するものとする。

（警察官による被害の防止）

第八条　警察官は、通報等により配偶者からの暴力が行われていると認めるときは、警察法（昭和二十九年法律第百六十二号）、警察官職務執行法（昭和二十三年法律第百三十六号）その他の法令の定めるところにより、暴力の制止、被害者の保護その他の配偶者からの暴力による被害の発生を防止するために必要な措置を講ずるよう努めなければならない。

（被害者の保護のための関係機関の連携協力）

第九条　配偶者暴力相談支援センター、都道府県警察、社会福祉法（昭和二十六年法律第四十五号）に定める福祉に関する事務所等の関係機関は、被害者の保護を行うに当たっては、その適切な保護が行われるよう、相互に連携を図りながら協力するよう努めるものとする。

第四章　保護命令

（保護命令）

第十条　被害者が更なる配偶者からの暴力によりその生命又は身体に重大な危害を受けるおそれが大きいときは、裁判所は、被害者の申立てにより、その生命又は身体に危害が加えられることを防止するため、当該配偶者に対し、次の各号に掲げる事項を命ずるものとする。ただし、第二号に掲げる事項については、申立ての時において被害者及び当該配偶者が生活の本拠を共にする場合に限る。

一　命令の効力が生じた日から起算して六月間、被害者の住居（当該配偶者と共に生活の本拠としている住居を除く。以下この号において同じ。）その他の場所において被害者の身辺につきまとい、又は被害者の住居、勤務先その他その通常所在する場所の付近をはいかいすることを禁止する。

二　命令の効力が生じた日から起算して二週間、被害者と共に生活の本拠としている住居から退去すること。

（管轄裁判所）

第十一条　前条の規定による命令（以下「保護命令」という。）の申立てに係る事件（以下「保護命令事件」という。）は、相手方の住所（日本国内に住所がないとき又は住所が知れないときは居所）の所在地を管轄する地方裁判所の管轄に属する。

2　保護命令の申立ては、次の各号に掲げる地を管轄する地方裁判所にもすることができる。

一　申立人の住所又は所在地

二　当該申立てに係る配偶者からの暴力が行われた地

（保護命令の申立て）

第十二条　保護命令の申立ては、次に掲げる事項を記載した書面でしなければならない。

一　配偶者からの暴力を受けた状況

二　更なる配偶者からの暴力により生命又は身体に重大な危害を受けるおそれが大きいと認めるに足りる事情

三　配偶者暴力相談支援センターの職員又は警察職員に対し、配偶者からの暴力に関して相談し、又は援助若しくは保護を求めた事実の有無及びその事実があるときは、次に掲げる事項

イ　当該配偶者暴力相談支援センター又は当該警察職員の所属官署の名称

ロ　相談し、又は援助若しくは保護を求めた日時及び場所

ハ　相談又は求めた援助若しくは保護の内容

ニ　相談又は申立人の求めに対して執られた措置の内容

2　前項の書面（以下「申立書」という。）に同項第三号イからニまでに掲げる事項の記載がない場合には、申立書には、同項第一号及び第二号に掲げる事項についての申立人の供述を記載した書面で公証人法（明治四十一年法律第五十三号）第五十八条ノ二第一項の認証を受けたものを添付しなければならない。

（迅速な裁判）

第十三条　裁判所は、保護命令事件については、速やかに裁判をするものとする。

（保護命令事件の審理の方法）

第十四条　保護命令は、口頭弁論又は相手方が立ち会うことができる審尋の期日を経なければ、これを発することができない。ただし、その期日を経ることにより保護命令の申立ての目的を達することができない事情があるときは、この限りでない。

2　申立書に第十二条第一項第三号イから二までに掲げる事項の記載がある場合には、裁判所は、当該配偶者暴力相談支援センター又は当該所属官署の長に対し、申立人が相談し又は援助若しくは保護を求めた際の状況及びこれに対して執られた措置の内容を記載した書面の提出を求めるものとする。この場合において、当該配偶者暴力相談支援センター又は当該所属官署の長は、これに速やかに応ずるものとする。

3　裁判所は、必要があると認める場合には、前項の配偶者暴力相談支援センター若しくは所属官署の長又は申立人から相談を受け、若しくは援助若しくは保護を求められた職員に対し、同項の規定により書面の提出を求めた事項に関して更に説明を求めることができる。

（保護命令の申立てについての決定等）

第十五条　保護命令の申立てについての決定には、理由を付さなければならない。ただし、口頭弁論を経ないで決定をする場合には、理由の要旨を示せば足りる。

2　保護命令は、相手方に対する決定書の送達又は相手方が出頭した口頭弁論若しくは審尋の期日における言渡しによって、その効力を生ずる。

3　保護命令を発したときは、裁判所書記官は、速やかにその旨及びその内容を申立人の住所又は居所を管轄する警視総監又は都道府県警察本部長（道警察本部の所在地を包括する方面を除く方面については、方面本部長）に通知するものとする。

4　保護命令は、執行力を有しない。

（即時抗告）

第十六条　保護命令の申立てについての裁判に対しては、即時抗告をすることができる。

2　前項の即時抗告は、保護命令の効力に影響を及ぼさない。

3　即時抗告があった場合において、保護命令の取消しの原因となることが明らかな事情があることにつき疎明があったときに限り、抗告裁判所は、申立てにより、即時抗告についての裁判が効力を生ずるまでの間、保護命令の効力の停止を命ずることができる。事件の記録が原裁判所に存する間は、原裁判所も、この処分を命ずることができる。

4 前項の規定による裁判に対しては、不服を申し立てることができない。

5 前条第三項の規定は、第三項の場合及び抗告裁判所が保護命令を取り消した場合について準用する。

（保護命令の取消し）

第十七条 保護命令を発した裁判所は、第十条第一号に掲げる事項に係る保護命令の申立てをした者の申立てがあった場合には、当該保護命令を取り消さなければならない。同号に掲げる事項に係る保護命令が効力を生じた日から起算して三月を経過した場合において、当該保護命令を受けた者が申立て、当該裁判所が当該保護命令の申立てをした者に異議がないことを確認したときも、同様とする。

2 第十五条第三項の規定は、前項の場合について準用する。

（保護命令の再度の申立て）

第十八条 保護命令が発せられた場合には、当該保護命令の申立ての理由となった配偶者からの暴力と同一の事実を理由とする再度の申立ては、第十条第一号に掲げる事項に係る保護命令に限り、することができる。

2 再度の申立てをする場合においては、申立書には、当該申立てをする時における第十二条第一項第二号の事情に関する申立人の供述を記載した書面で公証人法第五十八条ノ二第一項の認証を受けたものを添付しなければならない。

（事件の記録の閲覧等）

第十九条 保護命令に関する手続について、当事者は、裁判所書記官に対し、事件の記録の閲覧若しくは謄写、その他正本、謄本若しくは抄本の交付又は事件に関する事項の証明書の交付を請求することができる。ただし、相手方にあっては、保護命令の申立てに関し口頭弁論も相手方を呼び出す審尋の期日の指定があり、又は相手方に対する保護命令の送達があるまでの間は、この限りでない。

（法務事務官による宣誓認証）

第二十条　法務局若しくは地方法務局又はその支局の管轄区域内に公証人がいない場合又は公証人がその職務を行うことができない場合には、法務大臣は、当該法務局若しくは地方法務局又はその支局に勤務する法務事務官に第十二条第二項及び第十八条第二項の認証を行わせることができる。

（民事訴訟法の準用）

第二十一条　この法律に特別の定めがある場合を除き、保護命令に関する手続に関しては、その性質に反しない限り、民事訴訟法（平成八年法律第百九号）の規定を準用する。

（最高裁判所規則）

第二十二条　この法律に定めるもののほか、保護命令に関する手続に関し必要な事項は、最高裁判所規則で定める。

第五章　雑則

（職務関係者による配慮等）

第二十三条　配偶者からの暴力に係る被害者の保護、捜査、裁判等に職務上関係のある者（次項において「職務関係者」という。）は、その職務を行うに当たり、被害者の心身の状況、その置かれている環境等を踏まえ、被害者の人権を尊重するとともに、その安全の確保及び秘密の保持に十分な配慮をしなければならない。

2　国及び地方公共団体は、職務関係者に対し、被害者の人権、配偶者からの暴力の特性等に関する理解を深めるために必要な研修及び啓発を行うものとする。

（教育及び啓発）

第二十四条　国及び地方公共団体は、配偶者からの暴力の防止に関する国民の理解を深めるための教育及び啓発に努めるものとする。この場合において、配偶者からの心身に有害な影響を及ぼす言動が、配偶者からの暴力と同様に許されないものであることについても理解を深めるよう配慮するものとする。

（調査研究の推進等）

第二十五条　国及び地方公共団体は、配偶者からの暴力の防止及び被害者の保護に資するため、加害者の更生のための指導の方法、被害者の心身の健康を回復させるための方法等に関する調査研究の推進並びに被害者の保護に係る人材の養成及び資質の向上に努めるものとする。

（民間の団体に対する援助）

第二十六条　国及び地方公共団体は、配偶者からの暴力の防止及び被害者の保護を図るための活動を行う民間の団体に対し、必要な援助を行うよう努めるものとする。

（都道府県及び市の支弁）

第二十七条　都道府県は、次の各号に掲げる費用を支弁しなければならない。

一　第三条第二項の規定に基づき同項に掲げる業務を行う婦人相談所の運営に要する費用（次号に掲げる費用を除く。）

二　第三条第三項第三号の規定に基づき婦人相談所が行う一時保護（同条第三項に規定する更生労働大臣が定める基準を満たす者に委託して行う場合を含む。）に要する費用

三　第四条の規定に基づき都道府県知事の委嘱する婦人相談員が行う業務に要する費用

四　第五条の規定に基づき都道府県が行う保護（市町村、社会福祉法その他適当と認める者に委託して行う場合を含む。）及びこれに伴い必要な事務に要する費用

２　市は、第四条の規定に基づきその長の委嘱する婦人相談員が行う業務に要する費用を支弁しなければならない。

（国の負担及び補助）

第二十八条　国は、政令の定めるところにより、都道府県が前条第一条の規定により支弁した費用のうち、同項第一号及び第二号に掲げるものについては、その十分の五を負担するものとする。

２　国は、予算の範囲内において、次の各号に掲げる費用の十分の五以内を補助することができる。

一　都道府県が前条第一項の規定により支弁した費用のうち、同項第三号及び第四号に掲げるもの

二　市が前条第二項の規定により支弁した費用

第六章　罰則

第二十九条　保護命令に違反した者は、一年以下の懲役又は百万円以下の罰金に処する。

第三十条　第十二条第一項の規定により記載すべき事項について虚偽の記載のある申立書により保護命令の申立てをした者は、十万円以下の過料に処する。

附　則

（施行期日）

第一条　この法律は、公布の日から起算して六月を経過した日から施行する。ただし、第二章、第六条（配偶者暴力相談支援センターに係る部分に限る。）、第七条、第九条（配偶者暴力相談支援センターに係る部分に限る。）、第二十七条及び第二十八条の規定は、平成十四年四月一日から施行する。

（経過措置）

第二条　平成十四年三月三十一日までに婦人相談所に対し被害者が配偶者からの暴力に関して相談し、又は援助若しくは保護を求めた場合における当該被害者からの申立てに係る保護命令事件に関する第十二条第一項第三号並びに第十四条第二項及び第三項の規定の適用については、これらの規定中「配偶者暴力相談支援センター」とあるのは、「婦人相談所」とする。

（検討）

第三条　この法律の規定については、この法律の施行後三年を目途として、この法律の施行状況等を勘案し、検討が加えられ、その結果に基づいて必要な措置が講ぜられるものとする。

（民事訴訟費用等に関する法律の一部改正）

第四条　民事訴訟費用等に関する法律（昭和四十六年法律第四十号）の一部を次のように改正する。

別表第一の一六の項中「非訟事件手続法の規定により裁判を求める申立て」の下に「、配偶者からの暴力の防止及び被害者の保護に関する法律（平成十三年法律第　　号）第十条の規定による申立て」を加え、同表の一七の項ホ中「第二十七条第八項の規定による申立て」の下に「、配偶者からの暴力の防止及び被害者の保護に関する法律第十六条第三項若しくは第十七条第一項の規定による申立て」を加える。

全国婦人相談所一覧

名称	所在地	電話
北海道立女性相談援助センター	〒063-0033　札幌市西区西野三条9—12—36	011(667)1110
青森県女性相談所	〒038-0000　青森市大字石江字江渡5—1	0177(66)0800
岩手県福祉総合相談センター	〒020-0012　盛岡市本町通3—19—1	019(629)9600(代)
宮城県婦人相談所	〒980-0014　仙台市青葉区本町1—4—39　県総合福祉センター	0222(24)1491
秋田県婦人相談所	〒010-0864　秋田市手形住吉町4—26	0188(32)2534
山形県婦人相談所	〒990-0031　山形市十日町1—6—6　県保健福祉センター	023(622)2543
福島県婦人相談所	〒960-8134　福島市上浜町7—37	0245(22)1010
茨城県婦人相談所	〒310-0011　水戸市三の丸1丁目5—38　茨城県三の丸庁舎	029(221)4992
栃木県婦人相談所	〒320-0072　宇都宮市若草2—2—38	028(622)8644
群馬県婦人相談所	〒379-2166　前橋市野中町360—1	027(261)7838
埼玉県婦人相談センター	〒336-0031　浦和市鹿手袋4—27—18	0488(64)7071
千葉県婦人相談所	〒260-0023　千葉市中央区出洲港7—43	0472(45)1719
東京都女性相談センター	〒162-0062　東京都新宿区市谷加賀町2—4—36	03(5261)3911
神奈川県立婦人相談所	〒230-0024　横浜市鶴見区市場下町8—3	045(502)2800
新潟県婦人相談所	〒950-0100　中蒲原郡亀田町向陽町4—2—1　県中央福祉相談センター	025(381)1111
富山県女性相談センター	〒939-8201　富山市花園町4—9—5	0764(21)6252
石川県婦人相談所	〒920-0964　金沢市本田町3—1—10　県福祉総合相談所	0764(23)9553
福井県総合福祉相談所	〒910-0026　福井市光陽2—3—36　県総合福祉相談所	0766(24)6261
山梨県女性相談所	〒400-0005　甲府市北新1—2—12　県福祉プラザ	0552(54)8633
長野県婦人相談所	〒380-0811　長野市東鶴賀町1908—13	026(232)3348
岐阜県婦人相談所	〒500-8385　岐阜市下奈良2—2—1	058(273)1111
静岡県女性相談センター	〒422-8031　静岡県有明町2—20	054(286)9217

愛知県婦人相談所	〒462-0035	名古屋市北区大野町２—４	052(913)1101
三重県女性相談所	〒514-0113	津市一身田大古曽字西浦657	059(231)5600
滋賀県中央子ども家庭相談センター	〒525-0072	草津市笠山７丁目４番45号	077(562)1121
京都府婦人相談所	〒602-0000	京都市上京区西桐院通中立売下ル菊屋町251	075(441)7599
大阪府女性相談センター	〒577-0809	東大阪市永和１—７—４	06(725)8511
兵庫県婦人相談センター	〒653-0055	神戸市長田区浪松町３—２—27	078(736)0100
奈良県婦人相談所	〒630-8306	奈良市紀寺町832	0742(22)4083
和歌山県女性相談所	〒641-0021	和歌山市和歌浦東３—６—46	0734(47)0004
鳥取県婦人相談所	〒680-0901	鳥取市江津318—１　県福祉相談センター	0857(23)1031
島根県女性相談センター	〒694-0064	大田市大田町大田イ236番地4　島根県立女性総合センター「あすてらす」内	0852(21)5833
岡山県婦人相談所	〒700-0952	岡山市平田407　県総合福祉センター	0862(43)1711
広島県立婦人相談所	〒734-0003	広島市南区宇品東４—１—25	082(255)8801
山口県女性相談所	〒753-0214	山口市大内御掘951	0893(22)2541
徳島県婦人相談所	〒770-0937	徳島市富田橋６—３	0886(52)5520
香川県女性相談センター	〒760-0004	高松市西宝町２—６—32	087(862)8738
愛媛県婦人相談所	〒790-0011	松山市千船町７—５—５	089(933)1626
高知県女性相談所	〒780-0051	高知市愛宕町３—12—29	0888(22)5503
福岡県女性相談所	〒810-0044	福岡市中央区六本松１—２—22	092(711)9874
佐賀県婦人相談所	〒840-0851	佐賀市天祐１—８—５　県総合福祉センター	092(711)9874
長崎県婦人相談所	〒852-8111	長崎市高尾町10—３	0958(46)0506
熊本県婦人相談所	〒862-0939	熊本市長嶺南２—３—３　県福祉総合相談所	096(381)4412
大分県婦人相談所	〒870-0889	大分市荏隈５丁目県　社会福祉センター	0975(44)3900
宮崎県婦人相談所	〒880-0032	宮崎市霧島１—１—２　県中央福祉相談センター	0985(32)4461
鹿児島県立婦人相談所	〒892-0836	鹿児島市錦江町３—７	099(222)1467
沖縄県女性相談所	〒902-0064	那覇市寄宮２—５—５	098(854)1172

参考資料

「第四回国連世界会議へ向けて――『男性に聞く――女性への暴力』」かながわ女性会議北京会議プロジェクト
『夫が妻に暴力をふるうとき――ドメスティック・バイオレンスの真実』ニール・ジェイコブソン、ジョン・ゴットマン共著　戸田律子訳（講談社）一九九九年
『跳龍』二〇〇〇年十二月号、二〇〇一年一、三、四、五、六月号（大本山総持寺出版部）
『生活と福祉』（一九九九年七月号）第五二〇号（全国社会福祉協議会）
『ドメスティック・バイオレンスをなくすために』（神奈川県立かながわ女性センター）
「NHK人間講座『トラウマの心理学』小西聖子著　二〇〇〇年10月～12月期」（日本放送出版会）
『ドメスティック・バイオレンス――男性加害者の暴力克服の試み』草柳和之著（岩波ブックレットNo四九四）（岩波書店）一九九九年
『東大で上野千鶴子にケンカを学ぶ』遥洋子著（筑摩書房）二〇〇〇年
「『女性に対する暴力』調査報告書」東京都生活文化局女性青少年部女性計画課
『「永遠の少年」の娘たち』菅佐和子著（星和書店）一九九六年
『平成一二年版　警察白書』　警察庁編（大蔵省印刷局）
『判例時報　一五三九号）　判例時報社
『ヒートたけし詩集　僕は馬鹿になった』ビートたけし著　（祥伝社）二〇〇〇年
『女を殴る男たち――DVは犯罪である』梶山寿子　（文芸春秋）一九九九年

『人はなぜストーカーになるのか』岩下久美子著（文春文庫）二〇〇〇年
「女性に対する暴力のない社会を目指して答申」（平成一一年五月二七日）男女共同参画審議会
『夫・恋人からの暴力――国境のない問題・日本と各国のとりくみ』ドメスティック・バイオレンス国際比較研究会編（教育史料出版会）二〇〇〇年
『'95私たちは今　ＥＭＰＯＷＥＲ！』（かながわ女性会議）
『ドメスティック・バイオレンス――在米日本女性のたたかいの記録』日本ＤＶ防止・情報センタ編（かもがわ出版）一九九九年
『ヘルプ！――被害少年支援の軌跡――』神奈川少年心理相談研究会編（立花書房）一九九九年
『平成11年度　女性保護の概要』大阪府女性相談センター
『平成10年度　婦人保護事業概要』神奈川県婦人相談所
『修羅の棲む家』西館好子著（はまの出版）一九九八年

著者紹介

いのうえ せつこ

本名　井上節子。

1939年生まれ。フリーライター。女性の視点でさまざまな社会問題を取材，執筆，講演活動を行う。横浜市在住。著書「主婦を魅する新宗教」（谷沢書房），「結婚が変わる」（谷沢書房），「海と緑と女たち――三宅島と逗子」（社会評論社），「新興宗教ブームと女性」（新評論），「占領軍慰安所」（新評論），「買春する男たち」（新評論），「女子挺身隊の記録」（新評論），「高齢者虐待」（新評論），『子ども虐待』（新評論），共著「母と教師の教育革命」（労働教育センター）ほか。

女性への暴力　（検印廃止）

2001年6月30日　初版第1刷発行

著　者　いのうえせつこ

発行者　武　市　一　幸

発行所　株式会社　新　評　論

〒169-0051
東京都新宿区西早稲田3－16－28

電話　03（3202）7391
振替　00160-1-113487
http：//www.shinhyoron.co.jp

落丁・乱丁本はお取り替えします

印刷　新　栄　堂
製本　桂　川　製　本
装幀　山　田　英　春

ISBN-7948-0526-8　C0036

Printed in Japan

いのうえせつこの好評書

増補版 新興宗教ブームと女性　二〇〇〇円

占領軍慰安所 —国家による売春施設—　二〇〇〇円

買春する男たち　一八〇〇円

女子挺身隊の記録　二二〇〇円

高齢者虐待　一八〇〇円

子ども虐待　一八〇〇円